Schrader • Irland

Halwart Schrader

IRLAND

Ihre zweite Heimat

pietsch

Einbandgestaltung: Katja Draenert

Titelbild: Bord Fâilte-Irish Tourist Board

Bildnachweis:
Bord Fâilte-Irish Tourist Board: S. 8
Mount Juliet Properties Ltd.: S. 28
Schneider, Silvie: S. 36, 40, 47, 99, 106, 142
Schrader, Julia: S. 34, 103, 114, 132
Alle übrigen Fotos stammen von Halwart Schrader.
Die farbige Übersichtskarte erstellte
KARTOGRAPHIE Peh/Schefcik, Eppelheim.

ISBN 3-613-50403-0

Postfach 103743, 70032 Stuttgart
Ein Unternehmen der Paul Pietsch Verlage GmbH + Co
1. Auflage 2002

Lektor: Oliver Schwarz
Innengestaltung: Ipa, /71665 Vaihingen/Enz
Druck: Rung-Druck, 73033 Göppingen
Bindung: E. Riethmüller, 70176 Stuttgart
Printed in Germany

Inhalt

Atlantischer Ozean
Nordkanal
Irische See
St.-Georgs-Kanal
Keltische See
REPUBLIK IRLAND
Nord-Irland
GROSSBRITANNIEN
Belfast
Lough Swilly
Lough Foyle
Errigal Mountain
752
Donegal
Lifford
Ulster
Donegal
Donegal Bay
Sligo
Sligo
Ballina
Leitrim
586
Monahgan
Monaghan
Lough Conn
Achill Island
Connaught
Mayo
Castlebar
Carrick-on-Shannon
Cavan
Cavan
Dundalk
817
Mweelrea
Lough Mask
Roscommon
Longford
Longford
Louth
Roscommon
Drogheda
Meath
Navan
Connemara
Suck
Lough Ree
Mullingar
Boyne
Royal Canal
Meath
Dublin
Lough Corrib
Athlone
Westmeath
Galway
Galway
Tullamore
DUBLIN
Galway Bay
Naas
Dún Laoghaire
Aran Islands
Shannon
Grand Canal
Offaly
Kildare
Leinster
Clare
Lough Derg
Port Laoise
Wicklow
Ennis
Laois
Carlow
Wicklow Mountains
Wicklow
Shannon
Limerick
694
Slaney
Carlow
926
Lugnaquillia Mtn.
Tipperary
Golden Vale
Kilkenny
793
Maigue
Feale
Limerick
Munster
Kilkenny
Wexford
Clonmel
Barrow
Tralee
Brandon Mountain
953
919
Suir
Wexford
Rosslare
Waterford
Dingle Bay
Blackwater
Waterford
Carrauntoohil
1041
Kerry
Cork
Dungarvan
Lee
Cork
Caha Mtns.
Bantry Bay
0
50
100 km
© KARTOGRAPHIE Peh & Schefcik

1. Einführung

»Ist der Besucher Irlands nur im geringsten empfänglich, dann wird er keinesfalls das Land wieder verlassen können – sollte er sich überhaupt dazu entschließen – ohne ein höheres Bewusstsein von den schönen Möglichkeiten menschlichen Daseins gewonnen zu haben.«

Alfred Andersch

Ein Leuchtfeuer im Garten: Da kann die Nacht zum Tage werden! (Carnsore Point).

Sie spielen mit dem Gedanken, in Irland zu leben – ausgerechnet in Irland? Ein reizvolles Vorhaben, und es wird Sie vielleicht überraschen, dass in jedem Jahr viele Ihrer Landsleute solche Pläne auch realisieren. Aber noch vor zwanzig Jahren hätten darauf selbst irische Patrioten nur mit einem Kopfschütteln reagiert. Hunderte verließen Monat für Monat die Insel. Irland war einst das Land mit der höchsten Auswandererquote in Europa. Von 1840 bis 1980 haben Millionen Iren ihrer Heimat den Rücken gekehrt. Was immer sie veranlasste, vor allem nach Amerika, aber auch in viele andere Länder zu emigrieren: Mangel an Arbeit, Hungersnot infolge

Die Iren lieben, was die Natur ihnen schenkt. Kein Haus ohne Blumen!?

Perioden katastrophaler Missernten, Flucht vor politischer Knechtschaft und religiöser Verfolgung oder die schiere Angst vor grassierenden Seuchen – im Ausland straften die Iren durch ihren Fleiß, ihren Ehrgeiz und ihren Einfallsreichtum all jene Lügen, die behaupteten, die Iren seien zu nichts anderem fähig, als in erheblichen Mengen dunkles Bier die Kehle hinunterzustürzen. Solche und andere unausrottbare Vorurteile, mit denen die Iren zu leben gelernt haben, gibt es genug.

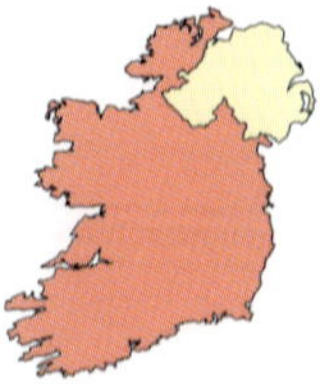

Objektiv gesehen, hat sich das Bild im Lauf der Zeit aber sehr geändert. Irland erlebt einen gewaltigen Umbruch, nicht nur durch seine noch längst nicht abgeschlossene Integration in das europäische Wirtschaftsgefüge, sondern auch durch seine zugleich immer stärker werdenden Bindungen an die USA, wo bekanntlich viele Iren sesshaft geworden sind. Bis vor zwei Jahrzehnten war Irland ein reiner Agrarstaat, dessen Haupterzeugnisse Fleisch, Geflügel, Milchprodukte, Getreide und Kartoffeln waren. Und es gab wie eh und je eine große Zahl von Erwerbslosen. Mittlerweile ist Irland ein Staat mit Vollbeschäftigung und einer hoch entwickelten Industrie. Junge Menschen aus ganz Europa kommen nach *Poblacht na hEireann* (wie die Republik offiziell heißt), weil sie hier interessante Ausbildungs- und Arbeitsmöglichkeiten finden, zu guten Konditionen und in einem attraktiven Umfeld. Eine bestimmte Art von Irland-Sympathisanten hat die »Grüne Insel« für sich neu entdeckt: »Aussteiger« auf Zeit oder für den dritten Abschnitt ihres Lebens.

Anfang des Jahres 2000 besaßen zum Beispiel mehr als 600.000 deutsche Haushalte Immobilien im Ausland, und 1,1 Millionen hatten zu diesem Zeitpunkt konkrete Vorbereitungen zu einem solchen Schritt getroffen, den sie mittel- oder langfristig realisieren wollten. Ihren Entschluss, sich jenseits der deutschen Grenzen ein zweites Domizil einzurichten, setzten in den letzten beiden Jahren etwa 70.000 Bundesbürger in die Tat um. Diese interessanten Zahlen basieren auf einer Erhebung des Landesbausparkassen-Verbandes.

Bemerkenswerterweise sind es immer mehr Deutsche, die sich auch für Grundbesitz in Irland interessieren; Immobilienmakler von Cork bis Sligo und von Kenmare bis Dublin bestätigen es. Darunter sind viele Geschäftsleute, die sich im Zu-

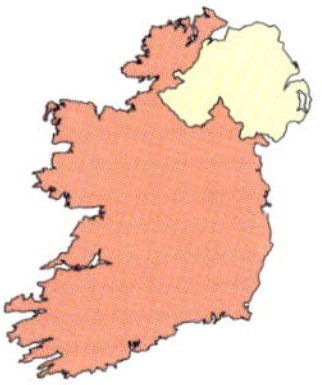

ge einer Unternehmensgründung in Irland veranlasst sehen, hier sesshaft zu werden.

Vielleicht beschäftigen auch Sie sich schon länger mit dem Gedanken an einen Orts- und Ambientewechsel – sei es, um ein paar Wochen oder Monate im Jahr in Irland einfach nur »abzutauchen«, sei es für einen sehr viel längeren Zeitraum, möglicherweise sogar für immer. Selbst wenn es für Sie nur einen einzigen, aber für Sie triftigen Grund privater oder beruflicher Natur für eine solche Entscheidung gibt: Er könnte ausschlaggebend sein.

Leben im Lande eines Oscar Wilde und Bernard Shaw: Das bedeutet eine ganz andere Art der Selbstverwirklichung und des *savoir vivre*, jener Lebenskunst des Improvisierens und Genießens, das nur jene ausschließlich den Franzosen zuschreiben,

In vorigen Jahrhunderten wurde in Irland rigoros Kahlschlag betrieben, Baumbestand untersteht heute weitgehendem Schutz.

die Irland nicht kennen. Irische Lebensqualität hat eine besondere Dimension, und sie fasziniert keineswegs nur Golfspieler und Pub-Enthusiasten, James-Joyce-Romantiker, Hobby-Schafzüchter oder Freunde whiskylauniger Kamingespräche.

Mehr als je zuvor haben wir heute die Chance, uns den Traum von einem »zweiten Leben« zu verwirklichen. Seine Realisierung ist innerhalb der Länder, die zur Europäischen Union (»Club of Rome«) gehören, unkompliziert geworden. Und in Irland existieren für Einwanderer geringere bürokratische Hürden als in irgend einem anderen Land Europas.

Doch die Entscheidung, sich in Irland anzusiedeln und dort Grundbesitz zu erwerben, zu pachten oder langfristig zu mieten, bedarf gründlicher Vorbereitung und der Erkundigung über alle damit zusammenhängenden Vor- und Nachtei-

le. Sei es die Aussicht auf einen interessanten Job oder »nur« die Erfüllung eines allmählich gewachsenen Wunsches nach einem paradiesisch gelegenen Cottage in Connemara, spontane Begeisterung für das Flair der alten Schlossparks am Ufer des Shannon, für romantische Hafenstädtchen wie Kinsale oder ein Stück zufällig entdeckter Country-Idylle in anheimelnder Laura-Ashley-Atmosphäre – all dies mag Sie zwar in Ihren Aus- oder Umsteigewünschen bestärken, aber jeder Schritt in die Richtung, Träume solcher Art Wirklichkeit werden zu lassen, will gut überlegt sein, ebenso die Annahme einer Position in Ihrem Beruf, die womöglich in Irland gute Chancen zum Weiterkommen bietet.

Wenn für Sie berufliche Gründe ausschlaggebend sind, vorübergehend oder für einen längeren Zeitraum in Irland Quartier zu beziehen, zählen für Sie andere Kriterien als für Aussteiger aus privater Ambition. Als Folge der zunehmenden Globalisierung von Wirtschaft und Industrie pflegen immer mehr Unternehmen einen Austausch von Mitarbeitern in leitenden Positionen über die Landesgrenzen hinweg. Jüngere Fachleute aller Branchen haben, wie eingangs erwähnt, gerade in Irland heute gute Chancen, hier unter günstigen Bedingungen einen Teil ihrer beruflichen Karriere zu absolvieren. Wenn dies auch für Sie zutrifft, stellt sich für Sie kaum die Frage, in welcher Ecke der Grünen Insel es Ihnen am besten gefällt. Allein die Nähe zu einem vorbestimmten Arbeitsplatz gibt den Ausschlag für die Domizilsuche. Und wenn das Unternehmen, in dessen Auftrag Sie nach Irland gehen, diese Ihnen ebenfalls schon abgenommen hat, reduziert sich das ganze Abenteuer auf die Entgegennahme der Hausschlüssel. Nun, vielleicht nicht ganz, wie Sie nach und nach herausfinden werden.

Dieses Buch soll Ihnen helfen, Lehrgeld zu sparen, das andere bereits bezahlt haben. Außerdem vermittelt es Ihnen eine Fülle von wichtigen Tipps, nützlichen Informationen, erprobten Rezepturen sowie Hinweise auf sorgfältig geprüfte Instrumentarien, die in einem Reiseführer normalerweise nicht enthalten sind.

Übersichtlich strukturiert werden alle Facetten und Segmente des Themas »Leben in Irland« so knapp wie nötig, aber auch so ausführlich wie möglich behandelt. Natürlich findet man von Ort zu Ort, von Region zu Region voneinander abweichende, individuelle Gegebenheiten, denn die Iren verstehen sich als Individualisten und handhaben ihre Angelegenheiten nicht immer und überall nach gleichen Grundsätzen. Dennoch gelten im Südwesten wie im County Wicklow, in den Bergen von Sligo wie in Connemara die gleichen Gepflogenheiten, nach denen sich Grundstückskauf oder das Mieten eines Hauses, Gastronomie- oder Shoppingrituale, Behörden-, Bank- und Versicherungswesen abspielen.

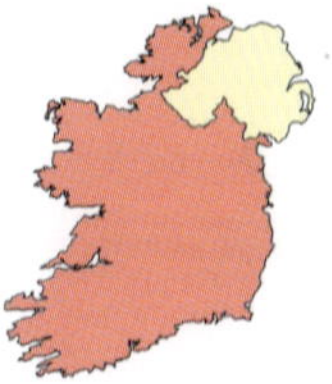

Von Ihnen als Gastresident in Irland erwartet man, dass Sie bestimmte Usancen, Gegebenheiten und Spielregeln Ihrer neuen Wahlheimat anerkennen und Verständnis für landestypische Verhaltensweisen zeigen – zum Beispiel für die strikt eingehaltenen Öffnungszeiten der Pubs oder für die »Großzügigkeit« bei der Einhaltung von Terminzusagen. Aber sich von hergebrachten Vorstellungen und reglementierter Routine freizumachen, Geist und Körper an einer ganz anderen Mentalität teilzuhaben zu lassen – gerade das macht ja den Reiz Ihres Vorhabens aus, künftig einen Teil des Lebens auf der »Grünen Insel« zu verbringen.

Ganz bewusst wird in diesem Buch in erster Linie der Begriff Irland verwendet, wobei die Republik Eire gemeint ist, nicht die gesamte Insel. Nordirland – die Briten sprechen von »Ulster« – teilt sich zwar mit dem Rest der Insel die meisten geografischen Gegebenheiten, auch in vieler Hinsicht die Lebensweise und vieles andere, doch die politischen und wirtschaftlichen Gegebenheiten differieren in so starkem Maße, dass es wenig sinnvoll wäre, den Nordteil der Insel hier einzubeziehen.

Last but not least: Erwarten Sie auf den nachfolgenden Seiten keine kulturhistorischen Abhandlungen, Hinweise auf Sehenswürdigkeiten oder Schilderungen landschaftlicher Besonderheiten, wie sie jeder gute Reise(ver)führer enthält – dies würde nicht nur den Rahmen dieses Buches sprengen, sondern seine Thematik verfehlen. Dafür vermittelt es Ihnen aber aufschlussreiche Einblicke in das, was man als *»Irishness«* bezeichnen könnte sowie eine Fülle objektiver Informationen, nach denen Sie woanders bisher sicher vergebens gesucht haben.

2. Die irische Inselalternative

Die Alternative zu Ihrem bisherigen Alltag trägt einen Namen: Irland. Viele Besucher Irlands sind von der Vorstellung, sich hier eines nicht allzu fernen Tages anzusiedeln, sogar schon nach der Rückkehr von ihrem ersten Besuch auf der Insel fasziniert. Aber es ist wichtig, die Weichen für einen solchen Entschluss so vernünftig wie möglich zu stellen .

Idyllische Sommerresidenz an der irischen Riviera (Duncormick, Co. Wexford)..

Wo immer Du Dein Herz verloren hast: Deine Füße werden Dich dorthin zurückbringen«, lautet ein Sprichwort in Donegal. Warum realisieren Sie nicht endlich ihren lange gehegten Wunsch, dorthin zurückzukehren, wo Sie Ihr Herz verloren haben? Wenn's nicht im County Donegal war, dann am Ring of Kerry oder am River Shannon?

Weshalb, so fragen Sie vielleicht, tu' ich mir das hier alles noch immer an – den nervenraubenden Berufsstress, die tägliche Hast mit der unaufhörlichen Terminjagd, die zermürbenden Auseinandersetzungen mit einer unsensiblen Ellenbogengesellschaft und und und ...?

Die Alternative hat also einen Namen: Irland! Nicht wenige Menschen sind von der Vorstellung, sich hier niederzulassen, schon nach der Rückkehr von ihrem ersten Besuch auf der Insel fasziniert. In Irland stehen Mensch und Natur in einer innigen Beziehung, und man muss zu einer solchen Beziehung fähig sein, um sich auf Dauer auf der Grünen Insel wohl fühlen zu können.

Und Sie? Gehen wir davon aus, dass Sie sich als Ausgleich zum strapazenreichen Alltag mit seinen beruflichen oder auch privaten Belastungen eine wohlüberlegte Alternative aufbauen möchten, die Ihnen an einigen Wochen im Jahr – mehr oder weniger gleichmäßig verteilt über den Jahreszeitenrhythmus oder saisonal akzentuiert – eine neue Lebensperspektive gibt. Sie sehnen sich danach, die Batterie immer mal wieder aufzuladen, Geist und Körper mit neuen Energien zu versorgen, Kräfte zu sammeln, sich mit belebenden Impulsen und frischen Eindrücken für den Rest des Jahres zu stärken. Ein Land wie Irland vermag dies in besonderem Maße zu bieten.

Sich alle vier oder sechs Wochen den Ausbruch aus berufsbedingter Routine zu gönnen – eine Vorstellung von verführerischer Qualität! Dabei geht es Ihnen nicht um ständig neue Reiseeindrücke oder die Mobilisierung Ihres Adrenalinhaushalts. Heute auf eine Karibik-Kreuzfahrt, morgen zum Bungee Jumping an die Victoriafälle. Pfingsten auf Himalaya-Treck, im Sommer zum Tauchen nach Eliat, dann zur Weinlese in die Toskana: Erlebnisintensive Aktiv-Urlaubsvergnügungen gehören nicht zu den von Ihnen gesetzten Prioritäten. Sonst wären Sie gewiss nicht gerade auf Irland verfallen...

Ihre Zielvorstellung gilt vielmehr einem festen »Ankerplatz«, an welchem Sie sich eine behagliche Atmosphäre schaffen wollen, und zwar Ihre eigene. Auf Dauer liegt Ihnen die – manchmal durchaus gemütliche – Atmosphäre eines Bed & Breakfast Guest House nicht so ganz, erst recht nicht das Beton-und-Glas-Ambiente eines modernen Hotels. Sie möchten Ihre Vorstellungen vom »Schöner Leben« vielmehr selbst realisieren, auch mal spontan variieren, wenn es Ihnen gerade einfällt, und in eigenen vier Wänden alles so gestalten, wie es Ihnen behagt. Wie zu Hause, und doch ganz anders.

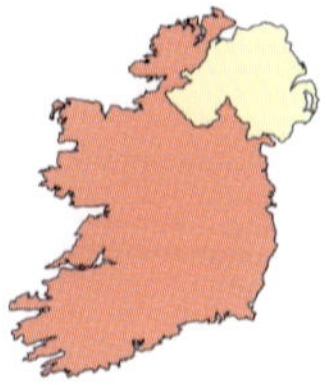

Es können aber, wie eingangs angeführt, auch berufliche Gründe vorliegen, die Sie zu einem Umzug nach Irland veranlassen. Etwa, weil das Unternehmen, für das Sie tätig sind, Ihnen dort eine Position angeboten hat, oder weil Sie als freiberuflich Schaffender die Gelegenheit wahrnehmen sollen, sich in Irland ein »zweites Bein« auf den Boden zu bringen; wie es bereits viele vor Ihnen getan haben. In einem solchem Fall werden Sie vom Informationsgehalt dieses Buches in gleichem Maße profitieren. Und wenn Sie ihre Sympathien für Irland mit der Ausübung beruflicher Pflichten in Einklang bringen können: um so besser.

Reif für die Insel

Viele Menschen bringen nicht den Mut auf, die Umsetzung ihrer Traumvorstellung konsequent in Angriff zu nehmen. Sie verfügen zwar über genügend Phantasie, sich ein Leben außerhalb ihres Heimatlandes vorzustellen; auch damit eventuell verbundene finanzielle Hürden wären vielleicht nicht das Problem. Was ihnen fehlt, ist der entscheidende Anstoß zur ernsthaften Überprüfung der Machbarkeit. Häufig kommt Mangel an Zeit hinzu, um sich mit dem Thema in Muße zu beschäftigen. Wer indes geschäftliche Gründe hat, nach Irland umzusiedeln, braucht nicht nach einer stichhaltigen Antwort auf die Frage »Soll ich oder soll ich nicht ...?« zu suchen. Dann kommt es nur darauf an, die Weichen so vernünftig wie möglich zu stellen und das nicht allein anderen zu überlassen.

Es bedarf in jedem Fall einer gründlichen und objektiven Durchleuchtung aller Fragen, die sich in Zusammenhang mit einem Zweit- oder sogar Hauptwohnsitz im Ausland ergeben. Spontan getroffene, nicht sorgfältig ausgelotete Entscheidungen könnten sich später als Fehlschlag, zumindest aber als stark der Nachbesserung bedürftig erweisen. Solche Korrekturen sind in aller Regel kostspielig und mit Verdruss verbunden.

Also gilt es, sich so gut wie möglich abzusichern. Loten Sie aus, ob Sie »reif für die Insel« sind, machen Sie sich die Erfahrungen anderer zunutze und holen Sie sich den berühmten guten Rat – der in diesem Fall gar nicht einmal teuer ist – von Sachkundigen ein.

Pro und contra Irland

Wenn die Rede auf Irland kommt, haben jene, die noch nie dort waren, jede Menge Klischees zur Hand: Das Wetter habe nichts als Regen anzubieten, und den in mindestens zwei Dutzend Variationen; die Iren seien untüchtig und neigten zu Traurigkeit und Spiritualismus; das Bild der Städte sei steingrau und düster.

Das stimmt alles – und es stimmt auch nicht. Von Mai bis Ende September können die Tage sonnenwarm sein wie am Bodensee. Und an Beweisen irischen Fleißes und irischer Kreativität mangelt es durchaus nicht, und wenn es fröhlich und ausgelassen zugeht, dann in irischen Pubs. Viele Städte lassen sich als freundlich und anheimelnd bezeichnen; das Bild zahlreicher Ortschaften ist sogar ausgesprochen farbenfroh und heiter.

Irland ist nun einmal eine Insel großer Kontraste, auch schwer erklärbarer Widersprüche. Die dem Inselvolk oft nachgesagte Schwermut geht einher mit Ausgelassenheit und Sinn für Komik; der Glaube an Schwarze Magie und Geisterspuk kontrastiert mit gelebter Religiosität im streng christlichen Sinne, und das bunte Erscheinungsbild so manch dörflicher High Street verträgt sich ausgezeichnet mit den verwitterten Natursteinmauern, die zum irischen Landschaftsbild gehören wie die saftig-grünen Wiesen unter bleigrauem Himmel mit üppig blühenden Sträuchern im Sommer. Auf die Eigentümlichkeiten des Wetters kommen wir noch zu sprechen.

Mit dem *Irish way of life* sind Sie im Verlauf mehrerer Aufenthalte in Irland vermutlich etwas vertraut geworden. Sie ha-

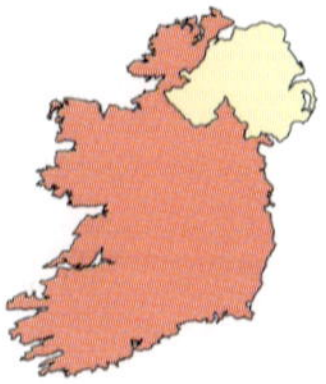

ben sicher feststellen können, dass die Iren weniger konventionell sind als die Engländer, dass man hier mit Zeitbegriffen großzügiger umgeht und dass diejenigen, die sich als Zugereiste schon länger in Irland aufhalten, hier wesentlich genügsamer leben als dort, wo sie herkommen. Aber man braucht lange, um sich wirklich zu akklimatisieren. Länger als Aussteiger in der Toskana oder an der Costa del Sol.

Ein Architekt aus Berlin, der vor etwa fünf Jahren in der Region Sligo die Ruine eines ehemaligen Herrenhauses erwarb und seither damit beschäftigt ist, den Bau in mühsamer Arbeit möglichst originalgetreu zu restaurieren, fasste seine Erfahrungen wie folgt zusammen: »Hier schreibt mir niemand vor, wie ich bei meiner Arbeit vorzugehen habe. Niemand fragt mich nach meinen Einkommensverhältnissen, nach dem Ablauf der Gültigkeit irgend welcher Papiere, nach Befähigungsnachweisen oder Diplomen. Für die Iren, die ich kennen gelernt habe, zählen gesunder Menschenverstand, solide Arbeit und Aufrichtigkeit. Wenn ich nach längerer Abwesenheit meine Handwerker frage, wie viele Stunden sie gearbeitet haben, würden sie keine Minute mehr abrechnen als sie tatsächlich tätig waren. Das haben sie nur ganz zu Anfang versucht, um auszuloten, ob ich auf Flunkereien reinfalle. Bis wir Freude wurden, haben sie mich oft sitzen gelassen. Heute ist das anders. Sicher, am Montag machen sie durchweg blau. Aber jeden Stein, den sie gesetzt haben, zeigen sie mir, und ich muss ihre Arbeit begutachten. Es gibt keinen Schlendrian, keine schiefe Mauer, keinen krummen Nagel im Holz. Aber man setzt haargenaue Anweisungen voraus; lässt man die Leute mit bestimmten Entscheidungen allein, sind sie unsicher und rühren wochenlang keine Hand...«

Fünf von zwölf Irlandliebhabern erliegen eines Tages dieser Faszination und kaufen sich auf der Insel ein Haus, wie John Leyden bestätigt. Er ist »Valuer and Estate Agent« der Irish Permanent PLC in Sligo und kennt die Vorstellungen seiner kontinentalen Kunden recht gut.

»Die Auswahl an Grundstücken und Häusern ist groß«, sagt Leyden. »Wichtig ist nur, erst einmal herauszufinden, was den Interessenten überhaupt bewegt, sich in Irland niederzulassen. Danach richtet sich die Beratung, die ja weitaus mehr umfassen muss als zwischen Verkäufer und Verkäufer Kontakte zu ver-

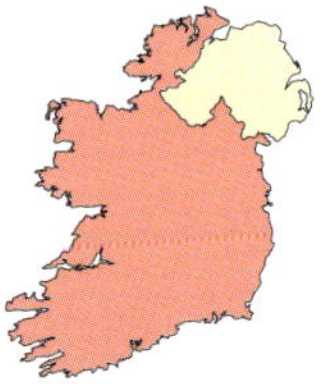

mitteln. Erfolgt der Zuzug aus beruflichen Gründen? Dann kommt ein gänzlich anderes Haus in Frage als für den, der einen Altersruhesitz in idyllischer Lage sucht. Wer sich schnell entscheiden muss, weil er in sechs Wochen eine neue Position antritt, hat natürlich nicht die gleiche Auswahl wie jemand, der mir sagt: So und so sieht meine Idealvorstellung aus – suchen Sie mir solch ein Anwesen und rufen Sie mich an, wenn Sie's gefunden haben. Das Suchen auf Bestellung hat um so mehr Erfolg, je weiter der Zeitrahmen gesteckt ist.« Und da in Irland alles sowieso ein wenig länger dauert als auf dem Kontinent, sollte es dem Käufer auf drei, fünf oder sieben Monate nicht ankommen.

Viele Irland-Interessenten, die lieber ein Haus bauen als ein vorhandenes zu kaufen, sind der Ansicht, Grund und Boden sei dort besonders günstig zu bekommen. »Das stimmt nur für jene Gegenden, in denen die Gemeinden eine Besiedelung fördern möchten. Und das sind nicht immer Traumregionen«, bestätigt Patricia Hegarty. »Baugrundstücke in ausgesucht romantischer Lage sind hier genau so teuer wie in anderen europäischen Ländern, es sei denn, sie liegen weit außerhalb des Infrastrukturnetzes. Sehr groß ist aber das Angebot älterer Häuser in kleinen Ortschaften sowie Cottages, deren Besitzer schon vor Jahren die Landwirtschaft aufgegeben haben. An solche Objekte kann man durchaus günstig herankommen.« Pat Hegarty vertritt die Mount Juliet Properties in Thomastown, Kilkenny, die Irland-Enthusiasten ihre Träume verwirklichen hilft: durch (teure) Häuser in Toplagen und in Golfplatznähe.

Anders als bei den vielen auf Pump gekauften Autos auf den Straßen Irlands sind vier von fünf Iren auch die Eigentümer des Hauses, in dem sie wohnen. Es ist kaum üblich, ein Anwesen zu mieten, abgesehen von einer Wohnung oder Geschäfts- bzw. Büroräumen in der Stadt. Der Anteil an Wohnungseigentum ist sogar noch etwas höher als in England, wo es 75 Prozent sind, allemal höher aber als in Deutschland, wo nur 35 Prozent der Bevölkerung in eigenen vier Wänden lebt.

Rechte Seite: Ohne Tourismus geht es nicht: Leben in einer kleinen Hafenstadt im Süden.

Wer Irland aus der Sicht des Reisenden aus »Europa« (im irischen Verständnis) kennen lernt, nimmt – zunächst – nicht immer nur die angenehmen Seiten wahr. Es ist gut, sich die Philosophie der Einheimischen zunutze zu machen. Es mag ja wieder einmal

The Loom & Kiln
CRAFTS
LITTER
BRUSCAR

Mit viel Geld und noch mehr Optimismus lässt sich aus diesem Jahrhunderte alten Gemäuer ein romantisches Ferienhaus machen.

seit Stunden geregnet haben – dennoch lächelt Sie die Lady am Zeitungsstand mit einem »lovely day, isn't it?« an. Schon bald werden Sie sich nicht mehr aufregen, wenn das *Guinness on draught* (vom Fass) nicht kalt genug, das Badewasser in Ihrer Bed-and-Breakfast-Kammer nicht warm genug oder die junge Dame am Lenkrad des Wagens mit dem L-Schild (Learner = Anfänger) vor Ihnen nicht schnell genug ist. Dafür wärmt es das Herz, schon nach weniger als zehn Minuten von neu gewonnenen Freunden einen guten Tee kredenzt zu bekommen, mit dem Vornamen angesprochen zu werden und das Angebot zu erhalten: »Heute Abend laden wir dich ins Pub ein. Es wird Musik gemacht und getanzt...!« In der Lokalpresse wird regelmäßig inseriert, wann und welchem Pub etwas los ist.

Musik und Tanz spielen überall in Irland eine wichtige Rolle. Fast an jedem Pub findet sich an der Eingangstür ein Hinweis, wann der nächste Tanzabend stattfindet – und der beginnt meist schon um 16 Uhr. Mitunter verkündet eine Tafel, dass man für heute Abend noch Musikanten suche: »Sie spielen ein Instrument? Herzlich willkommen!« Häufig hört man amerikanische Western Music, und es gibt da auch einen geschichtlichen Zusammenhang zwischen der Fiedelei der Iren und der Hillbillys von Nashville. Wenn Ihnen die Balladen vom *lonesome cowboy* aber zu stark aufgetragen und die Bierwerbung zu vordergründig wirken, sind Sie an einen Platz geraten, an dem Touristen geleimt werden ...

Auf dem Lande lebt es sich heute im Gegensatz zu einst verhältnismäßig sorgenfrei. Elend, Hunger und Seuchen sind Fremdwörter geworden. Wohlgemerkt: verhältnismäßig. Geldsorgen hat man dort immer, die Ansprüche bewege sich am untersten Level. Meldungen über Autodiebstähle, Überfälle oder Einbrüche liest man in der Tagespresse selten. Die Iren leben in einer verhältnismäßig heilen Welt. In Dublin oder Cork sieht es allerdings ein wenig anders aus. Hier empfiehlt es sich nicht unbedingt, das Auto nachts unverschlossen am Straßenrand abzustellen, was auf dem Lande kaum ein Risiko darstellt – aber die Zahl der in Dublin geklauten Autoradios ist beinahe ebenso hoch wie die in anderen Großstädten Europas.

My home is my castle, und es könnte ja auch mal Hochwasser eintreten! (Broadway, Co. Wexford).

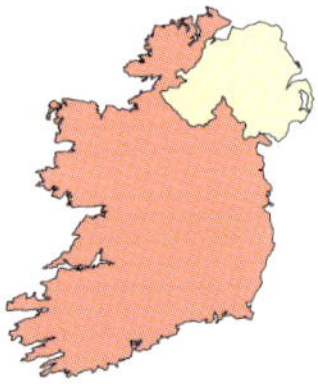

Im großen und ganzen gesehen, ist Irland ein sicheres Land. Noch immer spielt das Vertrauen, das man seinen Mitmenschen entgegenbringt, eine große Rolle. Es zu missbrauchen, empfindet der aufrechte Ire nicht nur als ein moralisches oder juristisches Delikt. Jemandem zu vertrauen, heißt hier auch, Selbstwertgefühle beim anderen zu achten und zu stärken. Man überlässt dem Nachbarn den Wohnungsschlüssel, kann beim Kaufmann den Einkauf von heute auch übermorgen bezahlen (zumindest in der Kleinstadt) oder das Fahrrad, ohne es anzuketten, getrost vor dem Pub stehen lassen. Vertrauen ist hier nicht gleichbedeutend mit dem Begriff Zuverlässigkeit, wie man ihn etwa in Deutschland interpretiert: Wenn sich Paddy O'Brien von Ihnen das Fahrrad borgt, wird er Sie gewiss vorher fragen und auch versprechen, es um fünf Uhr nachmittags zurückzubringen. Aber es kann auch fünf Uhr nachmittags am übernächsten Tag sein, ehe er sich wieder blicken lässt.

Golfspielen ist eine Leidenschaft der Iren (Mount Juliet).

Wenn Sie »die Iren« und ihre Lebensgewohnheiten ein wenig näher kennen gelernt haben, Ihr erstes Informationsbedürfnis befriedigt worden ist und Sie schließlich eine Bestätigung Ihrer Urteile (oder auch Widerlegung Ihrer Vorurteile) erfahren konnten – dann richten Sie an sich selbst ein paar Fragen, zum Beispiel, ob und warum Irland auch »Ihr« Land sein könnte, zum Leben und zum Überleben, und notieren Sie, welche Antworten Ihnen dazu einfallen!

Erfahrene wissen, dass man zwar in ein oder zwei Jahren einiges vom »typisch Irischen« mitbekommen kann, aber dass es fünf Jahre dauert, ehe man alles wirklich so akzeptiert, wie es nun einmal ist. Und dass man zehn Jahre in Irland leben muss, um Denkweisen nachvollziehen zu können und die Philosophie des *»Irishness«* zu begreifen.

Eine »Schüssel« im Atlantik

Lesen wir in Mitteleuropa etwas über Irland in der Presse, steht dies meist in Beziehung zum irisch-irischen Dauerkonflikt oben im Norden der Insel. Auch im Fernsehen steht die politisch brisante Auseinandersetzung meist im Vordergrund, wenn aus Irland berichtet wird.

Irland – das liegt doch irgendwo da oben im Atlantischen Ozean? Wer seinen Urlaub immer nur am Mittelmeer verbracht hat, muss erst den Schulatlas bemühen, um nachzusehen, wo die Insel liegt. Deshalb zunächst ein wenig Geografieunterricht (auch für Fortgeschrittene) mit ein paar Grundinformationen zum Thema.

Die Atlantikinsel Irland erstreckt sich zwischen dem 51. und dem 56. nördlichen Breitengrad und dem 5. und 11. westlichen Längengrad. Vom Nordostzipfel Irlands kann man (wenn klares Wetter herrscht) die Küste von Schottland sehen, die dort nur 30 Kilometer weit entfernt ist. Die mittlere Entfernung zur der anderen großen Britischen Insel England-Schottland-Wales beträgt rund 100 Kilometer. Zwischen beiden befindet sich in der Irischen See die Isle of

»Traditional Music every Thursday night« – gern aber auch an anderen Wochentagen!

Man (die einen eigenen Status genießt, ähnlich dem der Kanalinseln vor Frankreich) und weiter im Süden davon, näher zur Küste von Wales, die Insel Anglesey.

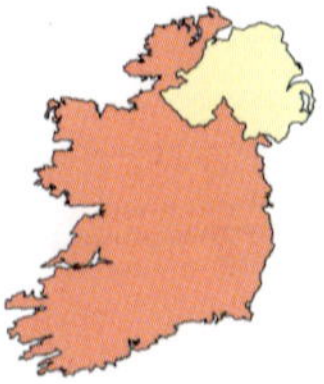

Niemand spricht übrigens von Südirland, wenn er die Republik Irland meint, sondern von der *Irish Republic* oder *Eire*. »Südirland« ist allein schon deshalb unkorrekt, weil der nördlichste Punkt der Republik zugleich der nördlichste der ganzen Insel ist (Malin Head, Co. Donegal). Von dort bis zum südlichsten Punkt der Insel (Mizen Head, Co. Cork) sind es 486 km Luftlinie.

Die Ausdehnung der Republik Irland beträgt 70.280 qkm. Die geografische Beschaffenheit der Insel entspricht einer Schüssel mit hohen Rändern im Norden, Westen und Süden und weniger hohen im Osten. Die am stärksten ausgeprägten Formationen befinden sich im Südwesten mit dem Carrantouhill als höchstem Berg: er ist 1041 Meter hoch (Co. Kerry).

Die hohen und schroffen Gesteinsformationen nennt man *reeks*, die eher sanften Hügel im Landesinneren *drumlins* die zahlreichen und mit viele Inseln bestückten Seen *loughs*. Zusammen mit dem River Shannon, der eine zentrale geografische Rolle spielt, bilden sie die abwechslungsreichen Landschaftsbilder Irlands.

Klima, Wetter, Jahreszeiten

Das Wetter: In England bekanntlich ein Gesprächsthema von hohem Unterhaltungswert – nicht aber in Irland. Denn es ändert sich permanent. Beinahe jede meteorologische Variante, sofern auch nur annähernd niederschlagsfrei, bezeichnen die Iren im übrigen als *lovely* oder *nice*. Aber sie halten sich bei diesem Thema nie sehr lange auf. Wozu auch? Wenn Sie über den Regenguss von heute morgen viele Worte verlieren, hört Ihnen niemand zu. Nur jene, die gar keinen anderen Gesprächsstoff finden können, spekulieren über die Wetterlage von morgen, aber es ist letztlich ein sinnloses Unterfangen.

Linke Seite: Landschaft an der Connemara-Küste. Bei jedem Wetter wunderschön.

Um es aber einmal deutlich auszusprechen: Es regnet in Irland bei weitem nicht so oft, wie behauptet wird, wenngleich die Niederschlagsmengen natürlich höher sind als an der Costa

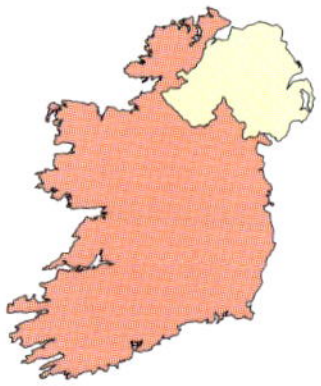

del Sol. Es stimmt, dass an einigen Ecken im Westen Irlands bis zu 200 mm Niederschlag pro Tagesdurchschnitt gemessen werden – 75 mm sind es im Gesamt-Monatsdurchschnitt in Tullamore, etwas über 63 mm in Dublin. Aber das sind »nur« statistische Werte. Ich habe in Irland schon zwölf Sonnentage hintereinander erlebt, wirklich »am Stück« – zugegebenermaßen war das an der Ostküste. Es kann vorkommen, dass Sie sogar sechs Wochen Sonnenschein erleben, anschließend dafür sechs Wochen ununterbrochen lang Regenwetter. Pessimisten behaupten, in Irland sorge ein bisschen Sonnenschein für eine gelegentliche, kurze Unterbrechung des Dauerregens. Optimisten bestehen darauf, es sei genau umgekehrt.

Im Frühling ist es meist trockener als im Sommer. Besonders schön ist der irische Herbst: Mild bis Mitte November und farbenfroh durch das bunte Laub. Eisig kalte Winter oder gar klirrenden Frost kennt man in Irland nicht. Fällt einmal Schnee, so hält er sich kaum länger als ein, zwei Stunden; nur ganz oben in den Bergen über 700 m Höhe kann er schon ein-

Ein Grundstück in Roscommon mit viel Platz für Tiere. Hobbyfarmer können ins Schwärmen geraten!

Kein Wunder, dass man Irland die »Grüne Insel« nennt (Leitrim).

mal etwas länger liegen bleiben. Frostnahe Temperaturen kann es im Winter aber nachts durchaus geben; bei hoher Luftfeuchtigkeit wird es dann draußen wirklich ungemütlich. Minustemperaturen zählen in den Niederungen des Südens und Westens jedoch zu seltenen Phänomenen. Der permanente Temperaturausgleich zwischen Land und Meer lässt die kalte Jahreszeit dort in aller Regel mild ausfallen; selbst im Januar sinkt die Durchschnittstemperatur selten unter +7 Grad Celsius.

Das liegt am Golfstrom, der für ein fast gleichbleibend mildes Klima sorgt. Von Anfang Mai bis Anfang September kann man mit sechs Stunden Sonnenschein pro Tag rechnen, und im Juli/August bewegen sich die Temperaturen in angenehmen Bereichen zwischen 14 und 25 Grad.

Im Osten des Landes fallen durchschnittlich nur 650 bis 700 mm Niederschlag pro Jahr. Zu Nebelbildung kommt es in Irland nicht so häufig wie in England, wo meist eine höhere Luftfeuchtigkeit herrscht; im Westen und Südwesten sorgt der

Wind vom Atlantik dafür, dass sich Nebel nicht lange halten kann.

Die Bekämpfung des Smogs im Bereich irischer Städte gehört seit Jahren zu den Maßnahmen, die Priorität genießen. Das in vielen Gemeinden Anfang der sechziger Jahren erlassene Verbot, offene Kamine zu beheizen (*»smoke-free zones«*), hat die Emissionswerte mess- und spürbar gesenkt. Nur auf dem Lande wird noch viel mit Torf und Briketts geheizt. Der Schadstoffausstoß durch die Industrie hält sich auch in den Ballungsgebieten von Dublin, Cork, Waterford oder Galway in Grenzen.

Das durch den Golfstrom beeinflusste milde Klima und häufige Regenfälle haben eine geradezu mediterrane Vegetation – Feigenbäume, Mandeln, Rhabarberstauden bis zu 2,50 m

Eine Landschaft, die Einsamkeit und Melancholie ausdrückt. Aber auch Freiheit und Romantik (Co. Kerry).

Höhe! – zur Folge, die auch in den Wintermonaten nicht leiden muss. In Gegenden, die hiervon besonders profitieren, lebt sich's natürlich sehr angenehm – und das sind die küstennahen Regionen der Counties Cork, Waterford und Wexford.

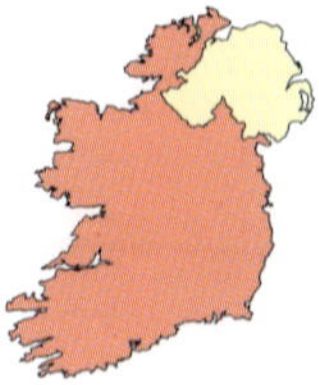

Iren, denen daran liegt, dass ihnen der Gesprächsstoff nicht ausgeht, lassen permanent den Fernseher an: Hier wird alle zwei Stunden die Vorhersage angezeigt, mit allen Vorbehalten, versteht sich. Aber an das, was die Meteorologen prophezeien, glaubt ohnedies niemand.

Durchschnittliche Niederschlagsmengen in Millimetern

Monat	Tullamore	Cork	Dublin	Limerick
Januar	75	119	67	94
Februar	50	79	55	67
März	54	94	51	56
April	67	57	45	53
Mai	75	71	60	62
Juni	63	57	57	58
Juli	78	70	71	78
August	90	71	74	79
September	84	94	72	87
Oktober	89	99	70	86
November	79	115	67	97
Dezember	95	122	74	117

In der Gesamtjahresmenge ist Dublin (763 mm) mit Hamburg (760 mm) vergleichbar. Mit 934 mm pro Jahr liegt Shannon nur knapp vor Innsbruck mit 925 mm.

Etwas Geschichtsunterricht

Um alles Irische besser begreifen zu können, muss man sich mit der Geschichte der Insel beschäftigen. Irland ist stolz darauf, im Unterschied zu England niemals römischem oder germanischem Einfluss ausgesetzt gewesen zu sein. Hier lebten Kelten, die erst im 4. Jahrhundert in Berührung mit dem Christentum

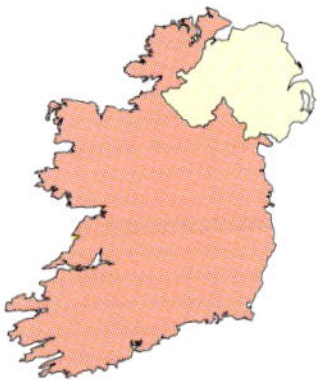

kamen – aber nicht, weil Eroberer vom Kontinent auf der Insel missionierten, sondern weil keltische Krieger sich in Europa herumtrieben und dort mit Vertretern der christlichen Kirche geschäftliche Kontakte (wie wir heute sagen würden) aufnahmen. Sie importierten den christlichen Glauben sozusagen auf ihre Heimatinsel und damit auch einen vom Papst ernannten Bischof sowie einen Schutzpatron, den Apostel Patricius. Seit dem Jahre 432 gilt St. Patrick als der Nationalheilige Irlands. Im Verlauf der Jahrhunderte entstanden in Irland unzählige Klöster; viele wurden zu bedeutenden Bildungsstätten und trugen zur kulturellen Entwicklung bei.

Im irischen Sommer ist es am Abend bis 23 Uhr noch hell...

Das von Irland aus über ganz Europa verbreitete Christentum (selbst der Irschenberg vor den Toren Münchens ist nach Mönchen aus Irland so benannt, die hier ein Kloster unterhielten). Rom war nicht sehr erbaut von der Verselbstständigung der irischen Religionsausübung, und hier liegt auch die Erklärung aller nachfolgenden Konflikte: England und seine Herrscher wurden im 11. Jahrhundert aufgefordert, Irland unter ihre Kontrolle zu bringen. Seither nahmen auch die territorialen Ansprüche seitens der britischen Krone und damit der Einfluss britischer Kaufleute in Irland stetig zu. Dieser Prozess gipfelte 1801 mit der Proklamation des »United Kingdom«, dem Großbritannien, Schottland und die Insel Irland gleichermaßen angehörten. Eine von London aus zentralregierte Union, die in dieser Zusammensetzung bis 1919 bestand.

Vor 200 Jahren bevölkerten mehr als acht Millionen Menschen die Insel. Anfang des 19. Jahrhunderts setzte jedoch eine enorme Auswanderungswelle ein, die verschiedene Ursachen hatte. Zum einen wurde die Landbevölkerung über längere Zeiträume regelrecht vertrieben: Eine Reihe schlechter Ernten, zu viele Esser und Mangel an alternativer Arbeitsgelegenheit zwang die Landbevölkerung, ihre Höfe aufzugeben. Zum anderen war Irland ein reines Agrarland und blieb von der Industrialisierung ausgenommen.

Dabei war Irland ursprünglich kein armes Land, denn selbst nach einigen Missernten hätte es keine Hungersnot geben müssen, wäre da nicht die von den Engländern eingeführte Verordnung gewesen, nach welcher die gesamte Weizenernte eines Jahres nach England zu exportieren war, ebenso der gesamte Ertrag an Schafswolle, beides zu diktierten Tiefstpreisen. Allein von der Kartoffel wollten die Engländer nichts wissen – sie wurde zum Hauptnahrungsmittel der Iren.

Im Sommer werden an vielen Straßenecken frische Erdbeeren feilgeboten. Meist sind es Kinder, die auf Umsatz warten.

Weitere schlechte Getreidejahre veranlassten die Landlords jedoch, sich im späteren 19. Jahrhundert verstärkt der Rinderzucht zuzuwenden, wofür man noch weniger Menschen benötigte. Ein zweiter Auswanderungsschub setzte ein, verstärkt durch die Angst vor den im Lande grassierenden Seuchen. Selbst der Kinderreichtum der Iren – damals gab es kaum eine Familie, die weniger als acht Kinder hatte – konnte den Strom nicht kompensieren, der das Land verließ.

Die Bestrebungen der Iren, sich von der Herrschaft

der Landlords unter der Britischen Krone freizumachen, die sie nicht zu schützen verstanden, sondern vielmehr zu weiterer Verelendung beitrugen, fanden Anfang des 20. Jahrhunderts verstärkt in patriotischen Bewegungen Ausdruck. Vor allem in Dublin sammelten sich nationalistische Kräfte, die sich 1905 unter dem Namen »*Sinn Fein*« (übersetzt: »Wir selbst«) konstituierten, 1917 erstmals als starke politische Bewegung in Erscheinung traten und die Loslösung Irlands von Großbritannien forderten, zu passivem Widerstand gegen die Behörden aufriefen und ihn auch aktiv ausübten. Die patriotische Bruderschaft IRB (*Irish Republican Brotherhood*) hatte einen Aufstand geplant, der aber im Keim erstickt wurde. Der Versuch, sich nach mehr als hundert Jahren von der britischen Herrschaft zu befreien, misslang noch mehrmals. Die Briten verhängten über Irland das Kriegsrecht. Der Kampf für die Unabhängigkeit endete 1919 schließlich mit Ausrufung eines irischen Nationalparlaments (*Dáil Eireann*) unter ihrem ersten Präsidenten, Eamon de Valera.

Ruinen aus dem Mittelalter prägen in Irland vielerorts das Landschaftsbild.

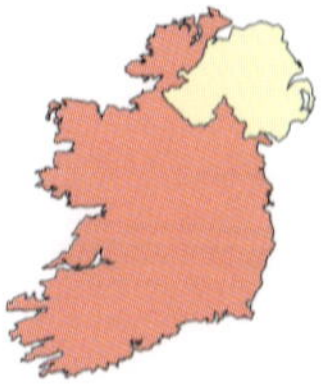

Doch nicht alle Iren waren für die Gründung einer eigenen Republik. Es begann ein Bürgerkrieg, der viele Opfer forderte und der den Engländern Veranlassung gab, wieder die Zügel in die Hand zu nehmen. Ende 1920 kam es zwar zur Unterzeichnung eines anglo-irischen Vertrages, der aber nur die Ursache neuer Kontroversen darstellte, denn er hatte auch die Teilung der Provinz Ulster zum Inhalt. Die war aber immerhin das Ergebnis einer Volksabstimmung gewesen, denn viele Bewohner des Nordens (vor allem die Protestanten) fühlten sich England näher verbunden als dem landwirtschaftlich strukturierten und ärmeren Süden der Insel.

Erst 1932 erfolgte eine weiterer Schritt zur Lösung Irlands von Großbritannien, und nicht vor 1937 wurde aus dem 1922 von Michael Collins ausgerufenen *Irish Free State* das Land »Eire« mit einer eigenen Verfassung, in welcher der katholischen Kirche ein bis heute gültiger Sonderstatus eingeräumt wurde. Im gleichen Jahr konstituierte sich die IRA (*Irish Republican Army*), eine auf die IRB der zwanziger Jahre zurückgehende Freiheitsbewegung. 1948 löste sich Irland durch eine einseitige Erklärung aus dem britischen Commonwealth, wonach 1949 schließlich die Gründung der neuen, unabhängigen Republik Irland erfolgte, zu deren Ministerpräsident J. A. Costello und zwei Jahre später abermals der Staatsmann de Valera gewählt wurde (und 1966, als er bereits 84 Jahre alt war, ein weiteres Mal).

1970 begann eine Eskalation von Unruhen in den britischen Ulster-Counties, die zunehmend von der IRA gesteuert und geschürt wurden, die jetzt im Untergrund arbeitete und die

In vielen Stellen findet man Friedhöfe, um die sich schon seit vielen Jahrzehnten niemand mehr kümmert.

Spannungen zwischen dem teils protestantischen Norden und der katholischen Bevölkerung (die auch in der Republik überwiegt) zu nutzen verstand, um auf ihr Ziel aufmerksam zu machen: den Anschluss Nordirlands an Eire. Da dieser aber durchaus nicht von allen Bewohnern der Ulster-Provinz angestrebt wird, kam es zur Bildung zweier Lager, gekennzeichnet durch unüberbrückbare Gegensätze. Ihre Exponenten machen sich seither gegenseitig das Dasein schwer. Attentate (die seit 1977 auch mehrmals außerhalb Nordirlands stattgefunden haben), trennende Mauern und brennende Barrikaden, Stacheldraht und eine starke Präsenz von Polizei und Militär gehören in manchen Distrikten zum Alltag. In der Vermischung von provozierend demonstriertem Patriotismus, religiösem Fanatismus und allen Formen von Hass, Verzweiflung und Rachsucht hat der Konflikt ein Stadium erreicht, in welchem er stellenweise außer Kontrolle geraten ist. Im Herbst des Jahres 2001 gab es neue Ansätze zu einer friedlichen Beilegung der bestehenden Konflikte – ein Hoffnungsschimmer für beide Landesteile.

Blumenmarkt in Dublin.

Wer diesen Sachverhalt und seine Ursachen kennt, kann ermessen, wie heikel es ist, mit Iren über Politik zu diskutieren.

Als Gastbürger in Irland kommen Sie aber kaum umhin, sich schon bald mit innenpolitischen Tagesfragen zu beschäftigen. Keine Abendnachrichten im Fernsehen, in denen das Thema Nordirland nicht behandelt würde, mal in aller Tiefe, mal nur am Rande. Breiten Raum nehmen auch Themen der Kirche ein, und die sind mit denen der Politik in Irland oft genug identisch. Im Laufe der Zeit bekommen Sie mit, wer von Ihren einheimischen Freunden, Nachbarn und anderen Mitmenschen der einen oder der anderen Weltanschauung zugetan ist. Und je kleiner die Gemeinde, desto eher werden Sie auch lokalpolitische Gewichtungen registrieren.

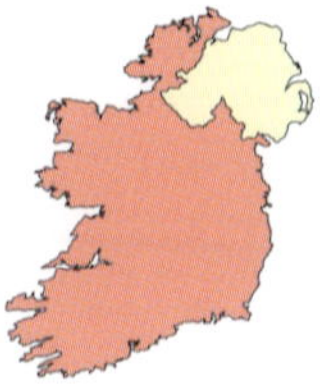

Konfessionsfragen sind in Irland noch immer ein wichtigeres Thema als etwa in England. Rund 88 Prozent der Bevölkerung der Republik gehören der katholischen Kirche an, etwa zehn Prozent sind protestantischen Glaubens. Durch den kontinuierlichen Zuzug von Ausländern findet eine nur sehr geringe Verschiebung dieser Verhältnisse statt; Irland hat sich noch längst nicht zu einer multikulturellen Nation wie Großbritannien entwickelt. Mit zunehmender Europäisierung vollzieht sich aber ein Trennungsprozess zwischen Staat und Kirche, wenngleich er nur sehr langsam vorangeht.

In der Republik Irland leben heute etwa 2,9 Millionen

Wer einen guten irischen Namen hat, ist stolz darauf und fügt das Familienwappen am Gartentor hinzu.

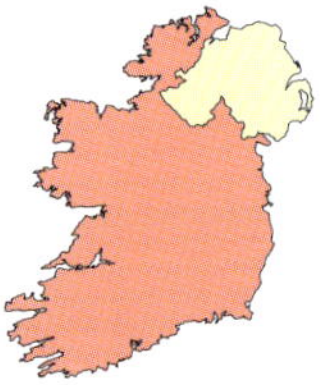

Menschen, von denen die Hälfte die Bevölkerung von Städten mit mehr als 5000 Einwohnern bildet. Der Trend, in die nächst größere Stadt zu ziehen, hat in letzter Zeit ein wenig abgenommen, seit immer mehr Unternehmen ihren Firmensitz oder ihre Produktionsstätten aufs Land verlegen und dort als aufnahmefähige Arbeitgeber gelten. Und wer als Zuwanderer nach Irland kommt, strebt ebenfalls danach, sich außerhalb der Stadtperipherien anzusiedeln.

Weitaus mehr Menschen irischer Abstammung aber leben heute außerhalb ihrer Heimat, vor allem in den Vereinigten Staaten, in Kanada und in England. Man schätzt ihre Zahl auf gut 10 Millionen. Auch fern der Heimat sind sie aufrechte Patrioten, für die der St. Patricks Day am 17. März noch immer der höchste Feiertag des Jahres ist. Und im Ausland erlebt man das Phänomen, dass Iren beider Konfessionen und verschiedener Staatszugehörigkeit sich wesentlich besser vertragen als in Londonderry und Umgebung.

Die Counties in Irland

Irland besteht aus 26 Verwaltungsbezirken, die als *»Counties«* (Grafschaften) bezeichnet werden. Sie sind in vier *»Provinces«* (Regionen) zusammengefasst: Connaught, Leinster, Munster und Ulster. Zu Ulster zählen neben den Grafschaften Cavan, Donegal und Monaghan auch sämtliche Grafschaften von Nordirland, also Antrim, Armagh, Belfast, Down, Fermanagh, Londonderry (Derry) und Tyrone. Durch die Provinz Ulster verläuft also ein Teil der Grenze zwischen der Republik Irland und dem United Kingdom. Die Hauptstadt der Republik ist Dublin (auf gut gälisch *Baile Atha Cliath*) mit gut 1 Million Einwohnern. Zweitgrößte Stadt (etwa 135.000 Einwohner) ist Cork an der Südküste.
In der nachfolgenden Auflistung der Counties stehen hinter der jeweiligen Region die Namen der Verwaltungsstädte:

Die Counties und ihre Verwaltungstädte

Region	Verwaltunsstadt
Carlow (Leinster)	Carlow
Cavan (Ulster)	Cavan
Clare (Munster)	nnis
Cork (Munster)	Cork
Donegal (Ulster)	Killybegs
Dublin (Leinster)	Dublin
Galway (Connaught)	Galway
Kerry (Munster)	Tralee
Kildare (Leinster)	Nass
Kilkenny (Leinster)	Kilkenny
Laois (Leinster)	Portlaoise
Leitrim (Connaught)	Carrick-on-Shannon
Limerick (Munster)	Limerick
Longford (Leinster)	Longford
Louth (Leinster)	Dundalk
Mayo (Connaught)	Castlebar
Meath (Leinster)	Drogheda
Monaghan (Ulster)	Monaghan
Offaly (Leinster)	Tullamore
Roscommon (Connaught)	Roscommon
Sligo (Connaught)	Sligo
Tipperary (Munster)	Tipperary
Waterford (Munster)	Waterford
Westmeath (Leinster)	Mullingar
Wexford (Leinster)	Wexford
Wicklow (Leinster)	Wicklow

Entdecken Sie die Reize der Countryside

Kein Wunder, dass der Begriff *countryside* in Irland eine so große Bedeutung genießt – umfasst er doch mehr als 93 Prozent der Fläche der Insel.

Nach einigen Reisen nach und in Irland stellen sich einem natürlich jene grundsätzlichen Fragen, auf die jedermann und jederfrau andere Antworten weiß: Wo gefällt es mir besonders gut, in welcher Region könnte ich mich auf Dauer wohl fühlen? Welches Landschaftsbild ist mir am sympathischsten, wo geht es mir gesundheitlich am besten?

Jedes County, jedes Fleckchen Irland kann für den, der es aus bestimmten Gründen liebt, das attraktivste sein. Einige Landschaftsbilder weichen stark von einander ab; je weiter man nach Osten kommt, desto mehr ändert sich das Bild.

Sofern Sie sich in der Standortfrage noch nicht festgelegt haben, hilft nur eins: Zu einer oder mehreren ausgedehnten Entdeckungsfahrten starten und jede Menge guter Landkarten

Die kleinen Naturhäfen an den irischen Küsten werden auch gern von Sportskippern aufgesucht. Der Tidenhub ist hier jedoch beträchtlich.

mitnehmen. Im Nachfolgenden ein paar Anhaltspunkte zu dem, was Sie erwartet.

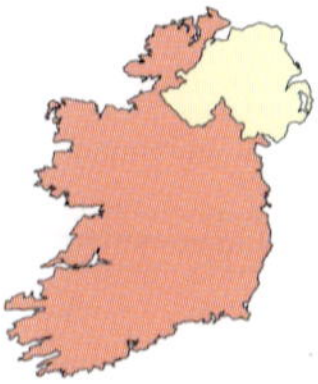

Provinz Connaught

In der auch *Connacht* genannten Provinz sind die nordwestlich gelegenen Counties zusammenfasst. Ihre Geografie ist wild-romantisch – aber es ist auch ein zum Teil recht karges Land. Nach Osten hin grenzt es an Nordirland, dort oben befindet sich auch die politische Konfliktzone von Londonderry.

Galway

Diese Grafschaft ist nach Cork die zweitgrößte Irlands und zugleich die vom Patriotismus am stärksten geprägte; beinahe jeder zweite Bewohner spricht fließend Gälisch. Hier wird Gaelic als erste Sprache unterrichtet, es werden Radiosendungen in dieser Sprache ausgesendet und die irische Nationalzeitung »Foinse« verlegt. In Galways gleichnamiger Hauptstadt leben mehr als 50.000 Einwohner (darunter 10.000 Studenten).

Alles in Eigenleistung erstellt: Refugium eines Ehepaares aus Deutschland, das sich in Roscommon angesiedelt hat.

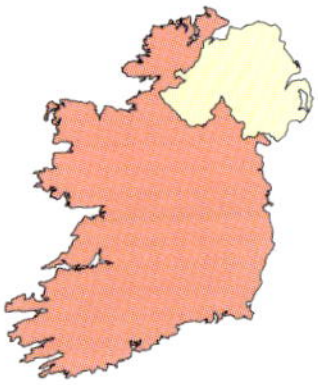

Mayo

Schroffe Felsen und sandige Buchten kennzeichnen die wilde Küste Mayos, eine Gegend, die von tiefer Religiosität geprägt ist. Zum Wallfahrtsort Knock pilgern alljährlich 1,5 Millionen Menschen, und die 1976 erbaute Wallfahrtskirche, die größte Irlands, bietet 12.000 Besuchern Platz. Man hat für diesen Zustrom an Pilgern eigens einen international frequentierten Flugplatz gebaut.
Mayo ist eine arme Grafschaft, reich nur an landschaftlicher Schönheit. Naturverbundene Menschen, die sich hier ansiedeln, kommen voll auf ihre Kosten.

Leitrim

Das County Leitrim besteht aus einem schmalen Streifen und ist quasi die Brücke zwischen den Counties Roscommon und Sligo nach Nordirland. Besonders attraktiv ist die Stadt Carrick-on-Shannon sowie Irlands großer Fluss, der hier den Lake Allen bildet, wie überhaupt die Seen mit ihrem Fischreichtum von großer Faszination sind. In Leitrim sind die Grundstückspreise besonders günstig.

Roscommon

Roscommon ist landwirtschaftlich geprägt und wartet mit vielen kleinen Ortschaften auf, in denen die Welt noch heil ist. Auch in diesem County, im Osten an den Lough Ree grenzend, sind die Immobilien- und Grundstückspreise vergleichsweise niedrig.

Leinster

Zu der Provinz Leinster, die den östlichen Teil und damit fast ein Viertel der Irischen Republik umfasst, gehören die meisten Counties, nämlich zwölf. Sie sind durchwegs von landschaftlicher Schönheit, weisen viele attraktive Städte auf, dazu herrliche Strände und eine Vielzahl von Golfplätzen.

Carlow

Carlow ist eins der kleinsten Counties und stellt ein Naturparadies mit besonderer Anziehungskraft für Golfer und Pferdefreunde dar. In dieser Grafschaft ist es übrigens nicht erlaubt,

Fertighäuser im »Bungalow-Stil« zu errichten – zum Glück. Die Flüsse Slaney und Barrow gelten als Eldorados für Angler. Das Land ist relativ flach und nur gering besiedelt.

■ Dublin

Im kleinen County Dublin liegt die gleichnamige Hauptstadt der Republik, und sie bestimmt weitgehend den *way of life* ringsum. Man muss nicht weit fahren, um von der Hauptstadt aufs Land zu kommen, wobei die Küstenregion im Norden (Halbinsel Howe mit Malahide, Portrane, Rush, Skerries) bevorzugte Wohngegenden sind. Gepflegte Anwesen sind hier entsprechend teuer.

Das Leben und Treiben in der Hauptstadt gleicht dem anderer großer Städte auf den britischen Inseln. Es geht laut zu, es herrscht dichter Autoverkehr, Kommerz und Gewerbefleiß bestimmen den Geschäftsalltag. Es gibt ein sehr großes Angebot an Kultur- und Freizeitvergnügungen. Am Liffey River zu wohnen oder zu arbeiten, ist ein besonderes Privileg. Der Immobilienmarkt boomt, in der City wie an der Peripherie.

Mit nur einem PS noch immer dabei: Die Iren hängen an ihren Traditionen!

Louth und Meath

Diese beiden Provinzen liegen nördlich von Dublin und grenzen an Nordirland. Louth droben im Norden ist das kleinste County und ist wegen seiner wilden Schönheit eine von Dublinern bevorzugte Region, die hier wohnen und das tägliche Einpendeln in die Hauptstadt über 50 oder 60 Kilometer in Kauf nehmen. Die Halbinsel Cooley mit den Ortschaften Carlingford, Grange, Greenore und Rathcor gilt als besonders attraktiv, weil unverdorben, und das Städtchen Dundalk fasziniert durch viel historische Bausubstanz. Meath weist mehr Landwirtschaft auf, hat mit Drogheda am River Boyne aber ebenfalls eine schöne alte Hafenstadt aufzuweisen.

Kildare

Das County Kildare liegt westlich von Dublin. Weil in Hauptstadtnähe, ist es eine bevorzugte Region zahlreicher Unternehmen, die dort ihren Sitz und viele Arbeitsplätze geschaffen haben. Seen und Flüsse bedingen den hohen Freizeitwert dieser Gegend, in der auch die Pferdezucht eine große Rolle spielt.

Fischereihafen von Arklow.

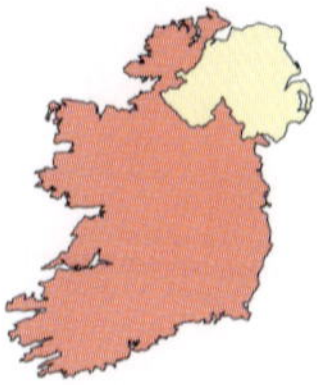

■ **Kilkenny**

Im Südwesten der Insel ist Kilkenny eine Grafschaft von abwechslungsreicher Topografie, mit malerischen Dörfern und interessanten Kleinstädten. Die Booley Hills sind landschaftlich von besonderem Reiz.

■ **Laois**

Das County Laois liegt nördlich von Kilkenny und ist weitgehend landwirtschaftlich geprägt. Die Infrastruktur ist zur Zeit noch entwicklungsbedürftig, die kleinen Ortschaften wirken ein wenig verschlafen. Auch in Portlaoise, die einzige größere Stadt des County, gehen die Uhren etwas langsamer.

■ **Longford**

Longford ist ein kleines County mitten im Binnenland. Im Norden ist es vom Lough Gowna und im Süden vom Lough Ree gesäumt. Die Landschaft ist insgesamt eher flach und nicht ganz so reizvoll wie die von Roscommon im Westen.

■ **Offaly**

Eine teils sehr wilde Region mit Bergen, Flüssen und Wasserfällen im Südosten. Im Zentrum liegt Tullamore, bekannt für seinen Whiskey und auch als Mittelpunkt der Wassersportaktivitäten auf den Kanälen.

■ **Westmeath**

Westmeath, nördlich der Grafschaft Offaly gelegen, ist ein reizvolles Landschaftsgebiet, durchzogen von eine Kette romantisch gelegener Seen. Hier zu leben, bietet eine Reihe von Vorteilen, weil neben abwechslungsreicher Topografie und verträumter Dorfidylle Kontrastwirkungen durch die Städte Athlone, Moate und Mullingar gegeben sind. Wegen der Nähe zu Kildare und zur Ostküste (N4 und N6) wird es von denjenigen bevorzugt, die häufig in Dublin zu tun haben.

■ **Wexford**

Diese Grafschaft gilt als die mit dem mildesten Klima und den geringsten Niederschlägen. Sie umfasst den Südostzipfel Irlands und zeichnet sich durch Wälder, Naturparks und vor allem

Ferienhäuser an der Bannoway Bay (Co. Wexford).

großartige Küstenformationen aus, durchsetzt von herrlichen Buchten und breiten Stränden. Als Brückenköpfe zum europäischen Kontinent sind Wexford und Rosslare interessante Städte mit fröhlichem Ambiente. Hier bewegen sich die Preise für Immobilien noch in vernünftigen Bereichen.

Wicklow

Wicklow an der Ostküste unterhalb Dublins wartet sowohl mit einem pittoresken Landschaftsbild als auch mit vielen historischen Monumenten auf. Ein Paradies für Golfer und Segler, Kletterfreunde (Wicklow Mountains) und Gartenliebhaber. Die Nähe zu Dublin wirkt sich auf die Grundstückspreise und Lebenshaltungskosten aus.

Munster

Sie ist die größte Provinz und umfasst den Südwesten Irlands mit den Grafschaften Cork, Clare, Kerry, Limerick, Tipperary und Waterford. Drei Kriterien vereinen sich in dieser Provinz:

Eine weitgehend durch Gebirgsformationen bestimmte Landschaft, eine facettenreich gegliederte Küste und ein lebhafter Tourismus.

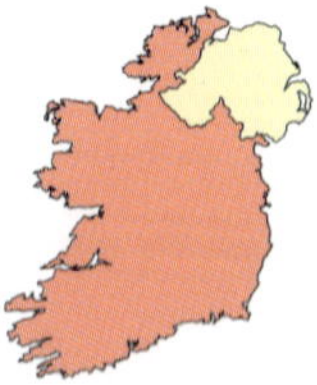

■ Cork

Das County Cork mit der gleichnamigen Stadt im Süden ist von ausgesuchter Schönheit und bietet mit seinen schönen Naturhäfen ein abwechslungsreiches Gesamtbild. Besonders die Küsten mit ihren attraktiven Städten wie Bantry, Clonakilty, Kinsale oder Skibbareen sind im Sommer das Ziel zahlreicher Urlauber. Dennoch hat der Tourismus nicht zu einer Kommerzialisierung der Romantik geführt – hier zu leben, heißt einen Traum verwirklichen. Nur: Je geringer die Entfernung zu Ciork City, desto höher die Immobilienpreise. Cork ist nur halb so groß wie Dublin, aber von mindestens ebenso großer wirtschaftlicher Bedeutung. Hier zu wohnen und zu arbeiten gehört zur Zielvorstellung vieler Zuwanderer. Die beinahe subtropischen Klimaverhältnisse im Südwesten (Palmen!) locken viele Winterflüchtlinge an.

Kleines Traumhaus in der Nähe von Macroom (Co. Cork).

Clare

Das County Clare kann mit der wohl unberührtesten Landschaft Irlands aufwarten, nicht zuletzt, weil es relativ dünn besiedelt ist – dank vieler Berge und steiler Felsformationen. An der Atlantikküste des County Clare liegen auch die berühmten Cliffs of Moher (200 m über der See). Die Vegetation ist im Lande eher spärlich, Wasser gibt es dafür reichlich (Atlantik, River Shannon, Lough Derg und gut 25 weitere Seen). Wer die Wildnis mag, findet hier preiswerte Grundstücke.

Kerry

Kerry ist Irland, zumindest in der Form, wie es sich der Nicht-Ire vorstellt. Alle typischen Landschaftsbilder finden sich hier, es regnet häufig, die Dörfer sind besonders bunt und die Musik in den Pubs besonders laut. Und weil es in Killarney, Ballybunnion oder Tralee und deren Umgebung so schön und die Natur mit ihren Gaben so verschwenderisch ist, kosten Häuser in Kerry auch sehr viel mehr als in Clare oder Tipperary.

Irland bedeutet Business! Geschäftsstraße in Bandon (Co. Cork).

■ Limerick

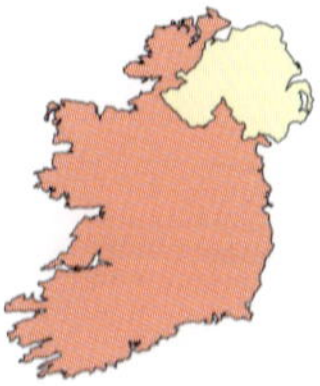

Im County der Rinder- und vor allem auch Pferdezucht, begünstigt durch üppiges Weideland, lebt man eher bescheiden. Wirtschaft und Tourismus haben längst nicht das Niveau von Cork, obwohl gegen Norden zu, im fjordartigen Mündungsbereich des Shannon, ideale Voraussetzungen für beides gegeben sind.
Wer ein unverfälschtes, mit vielen steinernen Zeugen der Geschichte gesegnetes Irland sucht, findet es hier in den kleinen Dörfern und abgelegenen Gehöften.

■ Tipperary

Fruchtbare Täler und kahle Bergrücken, farbenfrohe Dörfer und pulsierende Städte wie Clonmel, Thurles und Tipperary bilden das Kontrastprogramm dieses County im Süden der Insel. Hier herrschen Wohlstand und ein ausgewogenes Kräfteverhältnis zwischen dem Angebot an Arbeitsplätzen und denen, die sie suchen.

Wer Mut und Initiative hat, macht aus einem solchen Fragment das Refugium seiner Irland-Sehnsucht...

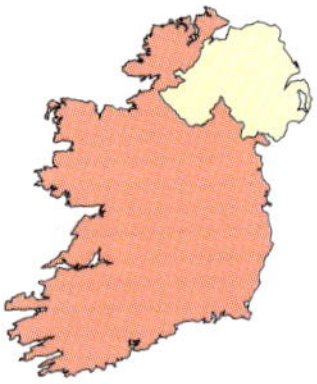

Waterford

Neben Wexford bildet Waterford die südöstliche Ecke Irlands. Hier herrscht Golfstromklima pur mit entsprechender Vegetation, und an der langen Küste gibt es weite Strände und Yachthäfen voller Boote aus aller Herren Länder. Eine bei denen, die im Winter nicht frieren möchten, sehr beliebte Region.

Ulster

Die Provinz Ulster ist in einen Nord- und einen Südbereich gegliedert. Zur Republik gehören die drei Counties Cavan, Donegal und Monaghan. Das zu Großbritannien gehörende Nordirland umfasst die Ulster-Grafschaften Antrim, Armagh, Down, Fermanagh, Londonderry und Tyrone,

Cavan

Das County Cavan, wegen seiner landschaftlichen Reize für den Tourismus gut erschlossen, ist reich an Seen und Flüssen. Aber es gibt auch genügend unberührte Reviere; wenn Sie die irische Einsamkeit lieben, haben Sie hier gute Chancen, ins Exil zu gehen ohne aufzufallen. Hier fühlen Sie sich wohl, wenn Jagen und Fischen zu Ihren Leidenschaften gehört.

Donegal

Dies ist die nördlichste der Grafschaften Irlands, zugleich die mit der bizarrsten Küste, dem launischsten Wetter und den schönsten Heidelandschaften. Eine wilde, aber liebenswerte Ecke, bevorzugt von jenen, die Irland seiner Extreme wegen mögen und auch keine Probleme bekommen, wenn sie in den kleinen Bergdörfern nichts als Gaelic hören. Das Straßennetz ist landschaftsbedingt dünn, die Lebensumstände spartanisch. Die Verwandtschaft zu Schottland wird offenkundig.

Monaghan

Das County Monaghan hat keine Küste und ragt am weitesten nach Nordirland hinein. Mit seinen Hügeln, Tälern und Seen kann Monaghan als »typisch« irisch bezeichnet werden; die Dörfer sind adrett und die Möglichkeiten, sich mit Reiten, Golf und Wassersport die Zeit zu vertreiben, immens.

Gehört Irland zu Europa?

In Irland ist in erster Linie alles irisch – und ganz gewiss nicht englisch, auch wenn es manchmal auf den ersten Blick so scheinen mag. England ist nicht weit, aber dem europäischen Kontinent fühlt sich der Ire mindestens seit 1973 enger verbunden: Damals schloss sich die Republik der Europäischen Gemeinschaft (EU) an. Der Integrationsprozess ist allerdings noch längst nicht vollendet. Rein geografisch umfasst Europa selbstverständlich die gesamte britische Inselwelt einschließlich Irland, aber wenn Iren von »Europe« sprechen, klammern sie ihr Land – ihm Gegensatz zu ihren britischen Nachbarn – keineswegs aus. Man fühlt sich dem Kontinent Europa geografisch wie politisch weitaus näher verbunden als man dies von den Engländern sagen könnte, die sehr fein differenzieren, welche Länder sie »Europe« zuordnen und welche nicht…

Alles, was sich jenseits von Großbritannien abspielt, geschieht dem Empfinden der Briten nach »overseas«, also in

Schuhgeschäft in Limerick. Die Auswahl ist nicht groß, den Umsatz müssen Sonderangebote bringen.

»Übersee«. Bei den Iren ist das genauso. Verständlich, dass ein Inselvolk die See als natürliche Grenze betrachtet, über die einzudringen nicht jedermann gestattet ist. Das Gefühl der Zugehörigkeit zu Europa und der Geborgenheit, die man daraus ableitet, steht im Gegensatz zu der Distanz, mit der die Briten sich noch immer »outen«. Nicht zuletzt gehört Irland zu den zwölf Ländern, die im Januar 2002 den Euro als Landeswährung einführten.

Da Irland viele Subventionen aus dem großen Europatopf erhält, sind die Insulaner auf Brüssel & Co. natürlich gut zu sprechen. An allen Straßen-Großbaustellen weisen Schilder darauf hin, dass hier die EU ein Projekt finanzieren hilft.

Die Republik Irland (*Popacht na hEireann* oder kurz *Eire*) existiert erst seit dem Jahre 1921. Das Land gehört also keinesfalls zu Großbritannien, wie die amtliche Bezeichnung für den Machtbereich der Krone auf der britischen Nachbarinsel lautet, der das Königreich England, das (ehemalige) Königreich Schottland, das Herzogtum Wales und die Channel Islands umfasst. Umgangssprachlich hat sich heute der Begriff »Britain« eingebürgert, weil das »Great« gern auch auf das einstige Commonwealth bezogen wird. Gebräuchlicher aber ist United Kingdom oder kurz UK, wobei dieser Begriff die sechs Counties der Provinz Ulster (Nordirland) einschließt.

Wirtschaft: Vom Euro-Optimismus geprägt

Seit einiger Zeit hat sich die Republik Irland von ihrem Dasein als reiner Agrarstaat verabschiedet. Außerhalb Dublins gab es noch vor 80 Jahren so gut wie keine Industrie. Die Verhältnisse änderten sich erst sehr langsam, dann immer rascher; zu Beginn des 21. Jahrhunderts zeigt das Barometer für das Wirtschaftswachstum ein nie zuvor gekanntes Hoch an. Private Investoren aus aller Welt und Unternehmen aller Branchen haben sich – nicht zuletzt aus steuerlichen Gründen – in Irland engagiert, und als sich eine Erschöpfung der Arbeitskraftreserven abzuzeichnen begann, setzte ein Prozess von historischer Dimension ein: Das Land, dem einst Hunderttausende aus Not entflohen, warb um Zuwanderer. Und die kommen sogar aus Südeuropa nach Irland, obwohl das Klima für sie sehr gewöhnungsbedürftig ist.

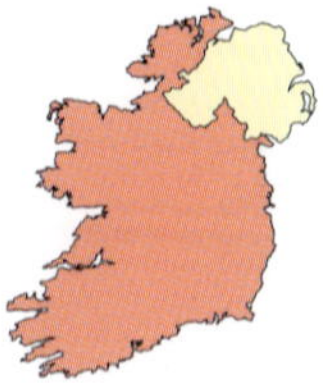

Der Wirtschaftsboom, den die Iren »The Celtic Tiger« nennen, wirkt anziehend auf jüngere Leute (unter 30), die hier gute Verdienstmöglichkeiten geboten bekommen. Und Anleger, die sich bevorzugt in der Medien-, IT- und Kommunikationsbranche engagieren, aber auch in der Konsum- und Investitionsgüterindustrie, finden in Irland Konditionen, die sehr reizvoll sind. Die erwähnten steuerlichen Vorteile umfassen beispielsweise eine auf 15 Jahre gewährte Abgabenfreiheit auf Gewinne aus exportierten Waren und vergebenen Lizenzen; auch für die folgenden zehn Jahre sind die Steuern im Vergleich zu denen in kontinentaleuropäischen Ländern sehr niedrig. So hat amerikanisches, kanadisches, britisches, deutsches, französisches, schweizerisches, japanisches und sogar russisches Kapital in den letzten Jahren viel bewirkt. Wer Irland seit 1990 in regelmäßigen Abständen besucht hat, musste sein Bild über die Situation im Lande von Mal zu Mal korrigieren. Der Boom hatte natürlich einen lange fälligen Anstieg der Lebenshaltungsqualität zur Folge, der auch die Preise spürbar klettern ließ. Alles ist in Irland ein wenig teurer als auf dem Kontinent. Mit angenehmen Ausnahmen freilich, auf die wir noch zu sprechen kommen.

In Irland beurteilt man nicht nur eine Förderung des Exports, sondern vor allem die Zugehörigkeit zum europäischen Währungs- und Wirtschaftsraum als lebenswichtig, und es gibt kaum einen Geschäftsmann, der nicht zuversichtlich in die europäische Zukunft blickt, die er als die seine betrachtet. So teilten die Iren keineswegs die Bedenken ihrer britischen Nachbarn vor den Folgen, die sich aus der Abschaffung des Pfundwährung zugunsten des Euro ergaben. Das *Irish Punt* entsprach an Wert nicht ganz dem Pfund Sterling; es rangierte zuletzt 10 bis 15 Prozent darunter.

Als Anfang der siebziger Jahre das britische Pfund wie das irische Punt dezimalisiert wurde und von einem Tag auf den anderen nicht mehr aus 12 Schillingen zu je 20 Pence bestand, nahm in Irland ein bedeutender Prozess seinen Anfang: die Einführung metrischer Messwerte. Alle Entfernungsangaben an den Landstraßen gelten in Kilometern statt Meilen. Bei den Lebensmitteln wird in Kilogramm gewogen, Benzin wird nach Litern gezapft, Möbelmaße werden in Zentimetern angegeben. Von Gallonen, Zoll und Unzen haben die Iren längst Abschied genommen. Warum sollte der *Money Chip* auf irischen Kreditkarten also nicht Euro klingeln lassen? Seit April des Jahres 2001 war auf jedem Gehaltszettel, auf jeder Telefonabrechnung und auf jedem Werbeblatt des Supermarkts der Wert in Euro vor dem in Punt ausgedruckt.

Im Gegensatz zu anderen Ländern trug man die Diskussionen in Irland um die Einführung des Euro nicht in leidenschaftlichem Pro und Contra aus. Die Erwartung positiver Auswirkungen durch eine zunehmende Integration Irlands in das Gesamtgefüge Europas betraf von Anfang an in erster Linie die langfristige Sicherung der wirtschaftlichen Stabilität. Trotz starker ideologischer Beziehungen zu den USA fühlen sich die Iren Europa auch politisch nah verbunden und demonstrieren sie nicht zuletzt durch die blaue Europaflagge mit dem gelben Sternenkreis, die fast überall neben der grün-weiß-orangefarbenen Trikolore Irlands zu sehen ist. Spricht man Iren auf die Zugehörigkeit ihres Landes zum Gemeinsamen Markt an, wird man schnell in eine mit Leidenschaft geführte Diskussion verwickelt. Aber niemand befürchtet offenbar, durch die Integration ein Stück der geliebten, mühsam erkämpften Unabhängigkeit aufzugeben. Last not least ist und bleibt Irland ja eine Insel – und solche Tunnelröhren hinüber zum Kontinent, wie ihn die Nachbarn haben, wird es mit Sicherheit so bald nicht geben.

Als »Aussteiger« unter Iren

Irland ist ein Land der Gegensätze. Und widersprüchlicher Natur ist die Wesensart vieler Iren. Aber bevor Sie aus Unkenntnis der Zusammenhänge Werturteile fällen, bedenken Sie, dass jeder Mensch ein Ausländer ist – zumindest jenseits der Grenzen seines eigenen Heimatlandes. Eine Binsenweisheit, gewiss. Aber es ist gut, sich ihrer öfters zu erinnern. Als *»non-Eire passport holder«* bewegen Sie sich in Irland als Gast, und das erfordert, sich bestimmten Gepflogenheiten anzupassen und sich ein wenig mit der Lebensphilosophie der Inselbewohner vertraut zu machen. Bringen Sie hierfür viel Geduld mit.

Cottage mit Reetdach zu verkaufen. Solche Häuser sind im Süden Irlands nicht ganz billig.

Als »Aussteiger« sind Sie gewiss flexibel genug, um sich neuen Gegebenheiten anzupassen. Dennoch müssen Sie als Irland-Neuling (*blown-ins* nennt man sie hier: Hereingewehte) in mancher Hinsicht lernen, gründlich umzudenken. Es gelten andere Standards als die, denen wir zu vertrauen gewöhnt sind. Sicherheitsabsperrungen an Baustellen, Pünktlichkeit der Verkehrsmittel, Werkstattservice, Management einheimischer Firmen, die Bedienung beim Friseur, Sorgfalt am Bau – alles ist etwas anders.

Aber dieses »anders« ist auf keinen Fall automatisch gleichbedeutend mit »schlechter«. Hier zu unterscheiden, ist der Ansatz zum Umdenken. Auch ist der Ire nicht gleichgültig, er hört Ihnen zu, was Sie ihm vortragen, und wird – vielleicht – versuchen, Ihre Wünsche zu erfüllen. Falls er verstanden hat, wovon Sie reden. Noch einmal: Bringen Sie Geduld auf!

In jedem Fall werden Sie oft Sie das Wörtchen *fáilte* hören – es ist gälisch und bedeutet »Willkommen« (*welcome* sagt man natürlich auch). Sind Sie nach anfänglichem *small talk over the*

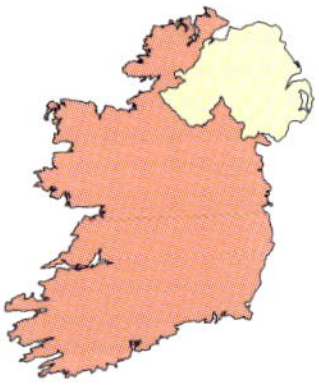

fence erst einmal in den Kreis der Nachbarsfamilie aufgenommen worden, bleibt es nicht bei der nächsten Tasse Kaffee. Iren sind sehr wissensdurstig (neugierig wäre ein unfeines Wort hierfür), und so geschieht es sehr bald, dass man sich bei Ihnen umsieht und Fragen stellt. Gehen Sie davon aus, das so gut wie alles, was Sie Ihren neuen Nachbarn zeigen oder mitteilen, sehr schnell die Runde macht. Auf dem Lande weiß man innerhalb von achtundvierzig Stunden über Sie bestens Bescheid – und zwar im Umkreis von mindestens zwanzig Kilometern. Im übrigen wird die Kontaktpflege weniger in Ihrem Wohnzimmer, im Garten oder in der Küche stattfinden – man wird sich mit Ihnen im Pub verabreden. Dort findet nun einmal das gesellschaftliche Leben statt.

Der so häufige Aufenthalt im Pub bringt es mit sich, dass sich dort Menschen näherkommen, die sonst miteinander nichts zu tun haben. Kühl oder distanziert – Eigenschaften, die man zuweilen den Engländern nachsagt – sind die Iren nämlich ganz und gar nicht. Vielleicht werden Sie als Ausländer anfangs eine gewisse Zurückhaltung spüren (wie es in abgelegenen Gegenden auf dem Kontinent gegenüber Fremden nicht andern ist), dafür festigt sich der Kontakt um so herzlicher, wenn das Eis einmal gebrochen ist.

Anlass zu Misstrauen haben allerdings hier und da die Allüren mancher Ausländer gegeben, die nicht als Touristen, sondern als Manager im Auftrag ihrer Unternehmen nach Irland kamen und glaubten, hier erst einmal »richtig durchgreifen« und Forderungen stellen zu müssen. Sie lernten schnell umzudenken. Unter fremden Bossen haben die Iren im Verlauf der letzten 200 Jahre genug Demütigungen einstecken müssen – sie reagieren auf gewisse Töne daher auch heute noch etwas empfindlich.

Im Pub treffen sich alle Stände – der Banker wie der Bauer, der Handwerker wie der Schuldirektor. Die ansonsten ziemlich getrennten Lebensbereiche ärmerer und wohlhabenderer Iren verwischen sich beim Guinness, und die Bar ist am vollsten, wenn sie eigentlich schließen sollte.

Was nun die Widersprüchlichkeiten angeht: Die Iren, so haben Sie irgendwo gelesen, seien zwar manchmal sehr fröhlich, im Grunde aber zur Schwermut neigende und häufig deprimierte Zeitgenossen. Sie werden diesen nur selten begegnen. Zumindest die jüngere Generation ist – wie oben bereits ausgeführt – von Optimismus geprägt und lebt nach dem Motto *»think positive«*. Nicht umsonst ist das *Shamrock* (Kleeblatt) für die Iren ein Symbol, das Glück und Zuversicht ausdrückt. Im Zeichen des Kleeblatts lebt sich's angenehm: In Irland braucht man keine Adler, Kronen, Schwerter oder andere scharfen Werkzeuge in heraldischer Verbrämung, um beispielsweise öffentliche Gebäude hoheitlich zu kennzeichnen. Eine Polizeiwache etwa erkennen Sie an einer antiken, blau verglasten Giebel-Laterne über der Tür …

Wie in England (solche Vergleiche seien gelegentlich gestattet) wird alles mögliche mit dem Prädikat *nice* (nett) versehen, ob es zutrifft oder nicht. Das regnerische Wetter, die wenig attraktive Nachbarstochter, der kräftezehrende Job, die Benediktinerabtei von Kylemore, das künstliche Feuer im Kamin, das jämmerliche Jaulen des schrottreifen Rasenmähers, die Seifenoper im Fernsehen – alles lässt sich als *nice* bezeichnen, und nicht nur, wenn die Höflichkeit eine Meinungsäußerung gebietet. Der Ire findet's

Es muss nicht immer Guinness sein. Wie wär's mit einem Murphy's? (Cork).

wirklich *nice*, weil er geduldig, anpassungsfähig, nicht sehr anspruchsvoll und – wie gesagt – von einer Wesensart ist, zu der nun einmal eine positive Grundeinstellung zum Leben gehört. Auch die, denen es, volltrunken von einem Dutzend *Stout*, so richtig hundselend geht, haben sich aus Fröhlichkeit, nicht aus Kummer in den Rausch gesoffen. Und nachher, wenn der *hangover* vorüber ist, sind sie so fidel wie zuvor.

Wenn in diesem Buch von »den Iren« die Rede ist, so stellt das natürlich in mehrfacher Hinsicht eine Pauschalierung dar. Jeder Ire sieht sich vollkommen anders als seinen Nachbarn (dem er selbstverständlich haushoch überlegen ist), Kollegen oder Weggefährten und möchte nicht mit jedem Brian und Patrick über denselben Kamm geschoren werden. *»The Irish type is produced by the climate«*, hat George Bernhard Shaw einmal gesagt, womit der in Irland geborene Dichter zum Ausdruck bringen wollte, dass die Wesensart seiner Landsleute der Wechselhaftigkeit des Wetters entspräche. Aber es gibt sie dennoch, »die Iren«, und die Wechselhaftigkeit betrifft weniger ihren Charakter als die Fähigkeit, sich auf die Umstände des harten Daseins einzustellen. Mit oder ohne *Stout*.

Wie heißt der schöne Slogan? »Guinness ist good for you!«

Aus Fremden können Freunde werden

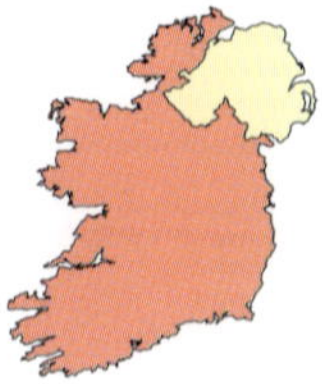

Weiterhin pauschalierend könnte man sagen, Deutsche und Iren mögen einander besser leiden als Deutsche und Engländer – oder gar Iren und Engländer. Die herzliche Aufnahme, die Sie bei irischen Familien und Geschäftspartnern im allgemeinen finden, die unkonventionelle Art der Kommunikation, die Höflichkeit und Freundlichkeit im Umgang miteinander wurde bereits weiter vorn erwähnt. Wichtig ist für Sie zu erkennen, ob die Herzlichkeit nur eine – wenn auch überzeugend dargebotene – Formsache ist, oder ob sie für eine längere Freundschaft taugt. Letzteres ist in Irland meist eher der Fall als anderswo in Europa.

Aber es dauerte eine Weile, ehe der Ire echte Freundschaft mit einem *»blown-in«* schließt. Selbst wenn es zunächst den Anschein hat, als sei die Ihnen entgegengebrachte Zuneigung mehr als nur Höflichkeit, bedeutet dies nicht, dass Sie auf Anhieb neue Freunde gefunden hätten. Dies ändert sich, sobald eine anfängliche Skepsis (auf beiden Seiten) überwunden ist – aber das kann sich eine geraume Weile hinziehen. Man wird Sie dulden, schätzen, vor allem genau beobachten. Und oft genug kritisieren. Der Prozess des Freundschaftschließens, das Finden und das Erkennen gemeinsamer Nenner zieht sich manchmal jahrelang hin.

Ihre Tür sollte für Nachbarn immer offen sein. Sowie jemand in Sichtweite ist – Teewasser aufsetzen! Tee ist ein Muss, das Anbieten einer Tasse Kaffee gilt als exotisch. Und nicht gleich Alkohol offerieren – erst, wenn die Stunde schon sehr vorgerückt ist. Da man das Glas bis zum Rand einschenkt, egal womit, empfiehlt sich die Anschaffung kleiner Gläser.

Den Gast in der Küche zu bewirten, ist in Ordnung. In der »guten Stube« (*good room*) hält man sich nur zu besonderen Anlässen auf. Beim ersten Kennenlernen sind die Anreden *Sir* und *Madam* durchaus am Platze, das Austauschen der Vornamen erfolgt dann von ganz allein. Das von uns so ausgiebig praktizierte Händeschütteln bei jeder Begrüßung und bei jedem Abschied kennt man in Irland nicht. Man wird Ihre ausgestreckte Hand nicht ignorieren, aber Sie sollten sich bald abgewöhnen, jedem spontan die Rechte entgegenzuhalten, den Sie begrüßen. Vor allem der schmerzhaft-feste Händedruck, bei uns Ausdruck be-

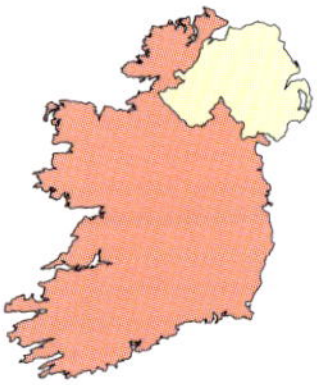

sonders inniger Verbundenheit, stößt nicht überall auf Gegenliebe. Ein *»How are you doin'?«* reicht fürs erste.

Wenn Sie als Ausländer ihre neuen, einheimischen Bekannten oder Kollegen zu sich nach Hause einladen, um ihnen etwas von kontinentaler Küche zu servieren, werden Sie auf große Gegenliebe stoßen. Man wird darauf brennen, Ihnen beim Präparieren der Mahlzeit zuschauen zu dürfen. Machen Sie alles so, wie Sie's daheim auch machen würden – damit tun sie Ihren Gästen einen großen Gefallen. Aber seien Sie nicht enttäuscht, wenn keiner der Eingeladenen pünktlich erscheint: Ein bis zwei Stunden später zu kommen, gehört zum irischen Normalfall. Planen Sie dies bei Ihren Vorbereitungen ein.

Ist man zu einer Party unter jüngeren Leuten eingeladen, so ist es üblich, die Getränke selber mitzubringen: Die Preise für Alkohol sind in Irland so hoch, dass der Einladende es sich meist nicht erlauben kann, seine Gäste in dieser Beziehung freizuhalten.

Wer als Hinzuziehender mit seinen Nachbarn in gutem Einvernehmen leben will, wird es nicht schwer haben, wenn er sich darum bemüht. Man wird den Fremden aber erst einmal testen, wes Geistes Kind er ist und wie er reagiert – etwa, indem man ihm das Blaue vom Himmel verspricht und dabei auslotet, ob er's glaubt. Oder indem man einen Pfropfen ins Auspuffrohr seines Autos steckt. Iren sind im Stande, sich auch noch viel üblere Scherze auszudenken...

Deutsche tendieren dazu, sich mit Deutschen zusammenzuschließen und Allianzen in der Fremde zu bilden. Das geht nicht immer gut. Geben einige Landsleute schlechte Verhaltensbeispiele ab, weil sie mit den Verhältnissen in Irland nicht zurecht kommen, wird man mit ihnen schnell in einen Topf getan. Wer sich allerdings von vorn herein abschottet und kontaktscheu hinter seiner Gartenhecke zurückzieht, kein Pub betritt und kein Folklorefest besucht, verzichtet auf viele wesentliche Lebensqualitäten, die Irland zu bieten hat.

Umgangsformen im Alltag

Sie werden es bemerkt haben: Zwei der am meisten gebrauchten Redewendungen in Irland sind *»nice day today«* und *»thanks very much«*. Das Wetter, auf das sich die erstgenannte

Floskel bezieht, ist eigentlich immer *»nice«*, und wenn dies im Augenblick wirklich nicht der Fall sein sollte, so doch vermutlich eine halbe Stunde später... Und *»thanks«* bedeutet im Unterschied zur Verwendung des Wortes in England wirklich nur »danke« und wird ebenso oft dort verwendet, wo wir »bitte« sagen würden. Der Ire bedankt sich sehr oft, wobei er seltener *»thank you«*, sondern das umgangssprachlich saloppere *»thanks very much«* verwendet. *»Thanks«* sagt man auch, wenn man aus dem Bus steigt. Mit Übertreibungen lebt man in Irland auch sehr gern: *»Thanks a million!«*, und statt *»I'm fine«* (mir geht's gut) hört man oft *»I'm grand«* (mir geht's großartig). Die USA lassen grüßen! Vielleicht liegt's daran, dass 80 Prozent aller Touristen, die Irland besuchen, Amerikaner sind.

Statt eines *»good morning«* hören Sie meist ein *»how are you«* oder *»how are you doin'?«* – ebenfalls wie in den USA. Von dort hat man auch das *»hi!«* importiert und das bei jeder passenden und unpassenden Gelegenheiten angewendete *»OK«*, was un-

Die Auswahl an Obst und Gemüse ist groß. Irland verfügt über genügend Anbauflächen und über ein ideales Klima.

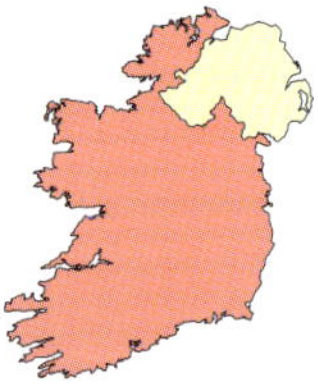

ter anderem »ich habe verstanden«, »bitte sehr«, »schon gut« oder sogar »danke, gleichfalls« bedeuten kann. Gern verwendet wird auch die Floskel *»no problem«*, etwa auf ein *»thanks«* folgend. Ist dieser Platz noch frei? Könnte ich mal die Speisekarte haben? Akzeptieren Sie Kreditkarten? Jedes Mal kann die Antwort *»no problem!«* lauten.

Wenn Sie »nein danke« sagen möchten, wäre ein *»no, thank you«* nicht die passende Floskel. *»Thanks, I'm just fine«* ist richtig – aber keine Antwort etwa auf die Frage, wie es Ihnen geht. *»Are you allright?« – »Yes, thanks, everything is fine«*: das würde heißen: Es geht so einigermaßen. Wenn es wirklich fein (in unserem Sinne) ist, sagt der Ire *excellent* oder *jolly good*.

Höflichkeit, Hilfsbereitschaft, Aufgeschlossenheit und fröhliche Übertreibungen sind Wesenszüge der Iren, die im Kontakt zum Mitmenschen zuverlässige Brücken darstellen. Wo Sie das Gegenteil zu registrieren meinen, haben Sie es vermutlich mit jemandem zu tun, der nicht aus Irland stammt. Man wird Ihrem Thema, Ihrem Anliegen oder Ihrer Frage meist eine positive Grundhaltung, häufig sogar spontane Begeisterung entgegenbringen. Das schließt nicht aus, dass zu den Eigenschaften der Iren auch Spott bis zur Streitsucht (vor allem im Pub – wo auch sonst findet sich jemand, mit dem sich streiten ließe), Melancholie und Leichtfertigkeit zählen. Glücksspiel und trauriges Erwachen liegen dicht beieinander, auch in Irland. Übrigens müssen Sie als Zugereister gewissen Reizthemen ja nicht unbedingt Vorschub leisten, halten Sie sich also mit Kritik gegenüber dem Gastland zurück und vermeiden Sie es auch in anderer Hinsicht, sich über gemeinsame Bekannte zu äußern oder sonstwie persönlich zu werden.

Auf Kleidung legt man in Irland keinen allzu großen Wert. Wer sich darüber viele Gedanken macht, hat die irische Art zu leben noch nicht begriffen. Es gibt lokale, in denen es erwünscht ist, dass die Herren Jackett und Krawatte tragen – in welchem Zustand diese Textilien sind, spielt aber überhaupt keine Rolle!

Die ältere und die jüngere Generation

Wie überall in Europa, liegt auch in Irland die Lebenserwartung heute höher als noch vor 10 oder 20 Jahren, und sie nimmt stetig zu. Das bedeutet: Es gibt immer mehr ältere Menschen. Hierdurch und durch Abwanderung jüngerer Menschen in die Städte liegt der Durchschnitt der Altersstruktur auf dem Lande heute bei 60 Jahren.

Um so niedriger liegt der Altersdurchschnitt in den Städten Irlands mit mehr als 10.000 Einwohnern. Junge Iren zieht es in die Städte oder in Gebiete mit einer dichten Infrastruktur – ganz einfach, weil sie hier bessere Berufschancen haben. Auf dem Lande zu wohnen können sich nur jene erlauben, die eine längere Anfahrt zur Arbeitsstelle in Kauf nehmen. Aber es gibt immer mehr Unternehmen, die sich auf dem Lande ansiedeln und das dortige Arbeitspotential nutzen, das ändert einiges am gesamtstatistischen Bild. In solchen Gegenden und in den Städten sind zwei Drittel der Bevölkerung unter 22 Jahre alt.

Dass sich die Relation von Alt zu Jung zunehmend verschiebt, liegt nicht nur am Kinderreichtum irischer Familien, sondern am Zuzug jüngerer Menschen aus dem Ausland. Auch an immer mehr Positionen mit großem Verantwortungsbereich trifft man heute in Irland Menschen unter 25 Jahren. Die in Irland angesiedelten Industrie- und Wirtschaftsunternehmen versprechen sich von ihren Jungdynamikern neue, unkonventionelle Impulse. Entsprechend nonkonformistisch sind Umgangston und -formen im mittleren Management geworden. Die Generation unter 30 prägt zunehmend den Lebensstil des Landes. In ihrem Konsumverhalten, im Adaptieren von Modetrends und in einem unprätentiö-

Großvater und Enkel: Viel Abwechslung bietet die Kleinstadt beiden nicht.

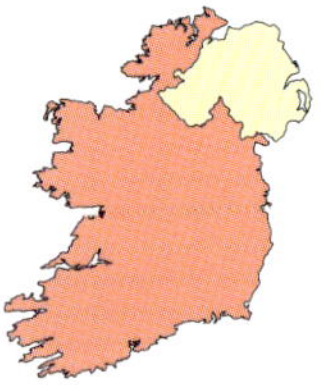

sen Bekenntnis zur Notwendigkeit ökonomischer Erneuerungen trägt sie zu markanten Veränderungen herbei.

Ältere Menschen in Irland pflegen ihre Traditionen und leben ihrer Erziehung und ihrer Herkunft gemäß wie eh und je. Sie werfen so gut wie niemals etwas weg, weil man eines Tages dafür ja noch Verwendung haben könnte, und sie fahren ihr uraltes Fahrrad mit der Begründung, dass es ja noch vollkommen in Ordnung und ein neues viel zu teuer sei.

Den Senioren gewähren zahlreiche Institutionen besonderes Entgegenkommen. Sie reichen von Vergünstigungen bei Eintrittspreisen und Fahrkarten bis zu speziellen Kreditkarten, die ihren Inhabern bis zu 25 Prozent Ermäßigung in Geschäften und Restaurants einräumen.

Ältere Leute auf dem Lande sind sehr viel genügsamer als ihre Nachkommen in der Stadt. Von ihren Vorfahren haben sie gelernt, mit Mangel zu leben, sich mit einem kargen Speisezettel zufrieden zu geben, Schuhwerk und Kleidung zu schonen. Niemals trennt sich der Bauer von seiner verschlissenen Kappe, und neue Gummistiefel legt er sich noch lange nicht zu, nur weil die alten löchrig wie ein Sieb sind. Der Maschinenpark der Farmen besteht jedoch keineswegs aus Nostalgiegeräten – ebenso wenig sieht man in Irland mehrheitlich Uraltautos auf der Straße.

Der Erhalt traditioneller Werte ist in der Regel auch ein Anliegen der Jüngeren. Sie sind bei aller Adaption fremder Impulse stolz darauf, Iren zu sein, und ihr Selbstbewusstsein passt gut ins Bild des modernen Irland. Dabei gilt das erste Interesse aber immer der eigenen Familie, dem Familienclan. Jeder Nachbar, erst recht der Einwohner eines anderen Countys, ist ein »Fremder«. Nicht, dass man zu ihm keine freundschaftlichen Beziehungen unterhalten würde; aber es bleibt die Distanz. Vor allem, wenn es um Fußball- oder Hurley-Wettkämpfe geht. Wie gut andererseits, dass es das irische Pub gibt: Zumindest dort sind nicht nur die Alten und die Jungen ein Herz und eine Seele, sondern auch die aus Limerick und Cork, Waterford und Kerry, Leitrim und Sligo, falls sie zusammentreffen und es vermeiden, über das letzte Hurley-Match zu diskutieren. Aber nach der Rauferei, sollte sie dennoch stattfinden, wird gemeinsam gelacht und gesungen...

Do you speak Gaelic?

Die offizielle Amtssprache in Irland ist keineswegs Englisch – sondern Gälisch. Bis zum Ende des 18. Jahrhunderts sprach man in Irland nichts anderes. In den Gaeltacht-Gebieten von Donegal, Connemara und Kerry, vor allem auch auf den kleinen Inseln vor der Küste, hört man die alte Landessprache noch heute häufig; dort pflegt und fördert man sie. Es sind gegenwärtig zwar nur 3 Prozent aller Iren, die Gälisch als Umgangssprache benutzen, aber rund 40 Prozent, die Gälisch verstehen. In der Schule ist es seit einiger Zeit wieder Pflichtfach, und wer sich für ein öffentliches Amt bewirbt, muss die Sprache zumindest ansatzweise beherrschen. Im ganzen Land werden offizielle Dokumente zweisprachig ausgefertigt, so wie ja auch alle Hinweisschilder an der Straße sowohl in Englisch als auch in Gälisch abgefasst sind. Irgendwann gewöhnt man sich daran, dass beispielsweise Kilkenny auch Cill Chainnigh und Dublin in drei Worten, nämlich Bale Atha Cliath geschrieben wird oder dass Oifig an Phoist für Post Office steht. Und der schöne Name James schreibt sich ganz einfach Shéamais (nein, nicht alle Iren heißen Paddy!).

Die Aussprache ist für unsere Zungen nicht ganz einfach, auch die Schreibweise mancher Buchstaben – das kleine i hat grundsätzlich keinen Punkt – weicht von der unseren (lateinischen) ab. Man weiß oft nicht, wie man das Geschriebene auszusprechen hat. Bei *»fleadh«* mag's noch angehen: sagen Sie einfach *fla*. Aber *»lascaireacht«*? Vielleicht reizt es Sie, *»Irish*

Kleidung ist teuer. Ausverkaufsangebote (nicht auf Gaelic angepriesen, sondern durchweg in Englisch!) werden daher gern genutzt.

Gaelic« (in Schottland existiert als Variante das Scottish Gaelic) zu lernen – es würde Ihrer Integration eine hervorragende Basis geben, und Gelegenheit zu Kursen gibt es in allen Städten des Landes. Auskünfte hierüber erhalten Sie bei der Gael-Linn, 26 Merrion Square, Dublin 2.

Aber es genügt vollauf, wenn Sie, um in Irland weiterzukommen, Englisch sprechen. Glauben Sie nicht, dass Sie mit Deutsch auch nur ansatzweise Chancen hätten – es sei denn, Sie pflegen ausschließlich Umgang mit Zuwanderern aus deutschsprachigen Ländern. Aber die sind ja wohl kaum der Grund, warum Sie sich in Irland ansiedeln wollen.

Niemand wird von Ihnen erwarten, dass Sie über kurz oder lang Englisch perfekt beherrschen. Die Häufigkeit, mit der englische Ausdrücke auch in diesem Buch verwendet werden, macht jedoch deutlich, wie sehr gewisse Anfangskenntnisse von Nutzen sind.

Breakfast, Lunch und Stout

Für Sean Mahoney und seine Kollegin Jennifer Merrion beginnt der Tag etwas später als beispielsweise in Deutschland. Warum sollten sie vor 8:00 Uhr morgens das Haus verlassen? In keinem Büro fängt die Arbeit so früh an, und irgend ein Geschäft zu finden, das bereits um diese Zeit geöffnet hätte, dürfte ebenso schwer fallen. Höchstens der *news agent* (Zeitungsladen) oder der *corner store* (kleiner Lebensmittelladen) machen eine Ausnahme. In den meisten Büros beginnt der Betrieb nicht vor 9:00 Uhr. Viele Geschäfte öffnen nicht vor 10:00 oder gar 10:30 Uhr.

An jedem Arbeitsplatz in Irland gilt die erste Amtshandlung am Morgen der Inbetriebnahme des Wasserkochers. Denn *tea time* ist immer und überall – ohne eine Tasse Tee (*white and with suger? – thank you!*) geht nichts. Der *mug* (Pott Tee) steht also jederzeit irgendwo in Reichweite, nachgefüllt wird bei Bedarf.

Mit einem *full Irish* oder auch *cooked breakfast*, das uns Kontinentaleuropäern so imponiert, beginnt nicht jeder Ire seinen Tag, bevor er das Haus verlässt. Viele Berufstätige kippen zwischen Badezimmer- und Haustür hastig ihren Tee hinunter, ehe sie zur Bushaltestelle wandern, oder sie bekennen sich zur Müsli-Sekte und verzehren statt einer gewaltigen Portion *ham and eggs and kippers and mushrooms and toast* (einige Traditionalisten bestehen auf solcher Magentortur, zumindest aber auf einem Stück Blutwurst aus der Pfanne, genannt *black pudding*) nur ein paar Esslöffel Cornflakes mit geschnipselter Obstbeilage plus Yoghurt. Oder es bleibt bei einer Scheibe Toast mit einem Klecks gelber Marmelade.

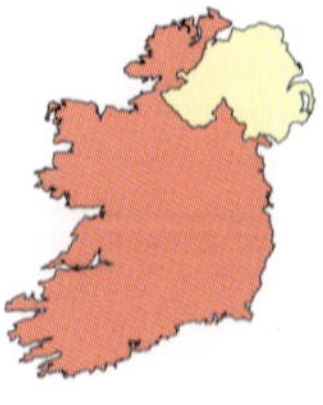

Der am Morgen geübte Verzichtet auf Nahrungszuführung wird in aller Regel mittags zwischen halb eins und halb zwei bestens ausgeglichen. *I'm just popping out for lunch* (ich bin nur mal eben kurz zum Lunch weg) klingt bei Sean Mahoney so, als sei er in zehn Minuten wieder zurück. Aber dann wird es doch eine Stunde, denn allein schon der Bestellvorgang für die Portion Pommes und die Riesenscampi mit Sour Cream dauert 30 Minuten, weil genau zur selben Zeit drei Dutzend Gleichhungriger der Küche im Pub oder im Coffeeshop ähnlich lautende Aufträge erteilen. Beliebt sind auch belegte Baguettes, Fish and Chips, Sandwich-Dreiecke mit Käse oder Wurst oder ein paar riesige Pellkartoffeln und ein Stück Lammfleisch am Knochen, dazu reichlich Gewürzsoße aus der Plastikflasche, Steakpulver und eine Cola. *Enjoy your meal!*

In gepflegten Landhaushalten spielt sich der Lunch nicht ganz so frugal ab, aber ein »ordentliches Mittagessen« ist es meist auch nicht. Ausnahmen bestätigen die Regel, aber die Hauptmahlzeit wird als *dinner* oder *supper* abends eingenommen.

Der Speisezettel irischer Familien hat sich im Zeitlauf stark internationalisiert. Der Supermarkt bietet auch dortzulande jede Variante tiefgekühlter Pizza und indischer Reispfannen. In den Küstenregionen kommt natürlich oft Fisch auf den Teller (was an den Küsten des Mittelmeers längst zu den Ausnahmen gehört), während das einst so berühmte *Irish Stew* (Hammelfleisch-und-Gemüse-Eintopf) nicht mehr sehr populär ist.

Zum Essen ein Bier – das kennt man in Irland nicht. Das dunkle *Stout* trinkt man entweder (wenn man sich's erlauben kann) vorher, sozusagen als Aperitif, oder wann immer die verführerische Gelegenheit sich dazu bietet. Einen *Irish Coffee*, auch *Gaelic Coffee* genannt, leistet man sich sehr gern, wäre nur alles Flüssige, was ein paar Prozente Alkohol aufweist, nicht so

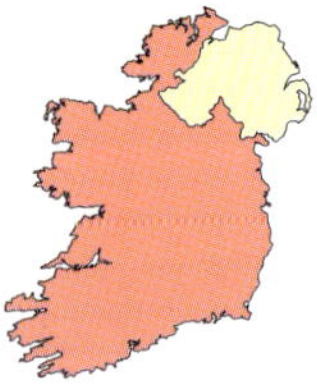

teuer... Für ein *pint* Guinness zahlte man im Dorfpub 3,30 Euro, für einen *Cidre* 3,00 Euro! »*Dining out*« (Essengehen) kostet in Irland ohnedies etwas mehr als in Deutschland. In einem guten Restaurant sind pro Person etwa 28 bis 35 Euro zu veranschlagen – ohne Getränke. Ein Steak kostet um die 15 bis 16 Euro, ein Salat 3 Euro, der Eisbecher zum Dessert 6 bis 7 Euro. Mit den Begriffen Espresso und Cappuccino nimmt man's häufig nicht so genau, das eine kann das andere sein und umgekehrt.

Sich ein *dining out* am Sonntag zu leisten, fällt vielen Familien in Irland nicht leicht, weshalb man bei einem Ausflug eher ein Fast-Food-Restaurant aufsucht, wo man erheblich preisgünstiger wegkommt.

Irischer Tagesablauf

In modernen Betrieben wird von 9:00 bis 18:00 oder 19:00 Uhr gearbeitet. Freitags früher Schluss zu machen, ist nicht überall Usus. Die Läden schließen zu sehr verschiedenen Tageszeiten (ihre Öffnungszeiten stehen nicht immer an der Ladentür), aber sie haben samstags meist ebenso lange auf wie an den anderen Werktagen, einige wenige auch am Sonntagvormittag.

Im Großen und Ganzen entspricht Seans und Jennifers Tagesrhythmus dem unseren. Aber es gibt doch einige Unterschiede. So hat man, wie bereits erwähnt, keine Eile, am Morgen das Haus zu verlassen: In Irland fängt der Tag ein wenig später an. Erst etwa gegen halb neun füllen sich die Straßen dann doch mit Autos, bei denen auffällt, dass sie alle so gut wie neu sind: Bei den meisten handelt es sich um Firmen- bzw. Leasingwagen, in denen Berufstätige zur Arbeit pendeln. Das Jahr der Zulassung erkennt man an den letzten beiden Ziffern auf dem Autokennzeichen.

Feierabend ist nicht vor 18:00 Uhr. Und dann beginnt der zweite, lustigere Teil des Tages. Nur wer im Dienstleistungsgewerbe arbeitet oder Verkäufer im Supermarkt ist, muss bis 22:00 Uhr oder länger ausharren.

Wem Sie in Irland so begegnen

Öfter als erwartet wird man Sie in Ihrer Heimatsprache anreden, in kleinen Orten wie in größeren Städten. Im Verlauf der letzten zehn, zwölf Jahre haben sich viele Deutsche und Österreicher – nicht zuletzt aus beruflichen Gründen – in Irland angesiedelt. In den Städten wie Dublin, Cork, Galway oder Limerick hören Sie aber ebenso häufig Italienisch, Spanisch oder Französisch.

Auf dem Lande ist nicht jedes Auto, das ein deutsches Kennzeichen führt, ein Touristenfahrzeug. Der Wagen könnte vor längerer oder kürzerer Zeit von einem Zuwanderer mitgebracht und (noch) nicht umgemeldet worden sein. Überhaupt sind Autotouristen mehr mit Fahrzeugen unterwegs, die eine irische Nummer tragen, weil es sich im Leihwagen handelt.

Rucksacktouristen, die Irland auf ihre Weise kennen lernen möchten, begegnen Sie vermutlich ebenso oft wie frühpensionierten Lehrerinnen, die Irland als das Land einer verlorenen Sehnsucht zu entdecken glauben, irgend ein verlassenes Haus kaufen und es nach einiger Zeit mit großem Verlust wieder abgeben (weil sie sich nicht ans Gummistiefel-Klima gewöhnen können). Sie begegnen Golfenthusiasten aus Hamburg-Blankenese, die regelmäßig herüber kommen, aber sich mit Ihnen nur auf eine Unterhaltung einlassen, wenn sie sich um Golf dreht. Sie begegnen Kabinenkreuzer-Charterkapitänen aus Mülheim an der Ruhr, die auf dem Shannon ihrer Angelwonne frönen, aber den Fluss und seine Ufer auch mit Abfällen dekorieren.

Landsleute, die sich ein Grundstück gekauft, darauf ein Haus gebaut und all die Erfahrungen gemacht haben, die Sie von ihnen gern hören möchten – denen begegnen Sie seltener. Zum einen, weil solche Menschen sehr mit sich selbst beschäftigt sind und jede freie Stunde nutzen, um an der Vervollkommnung ihres Domizils zu arbeiten, zum anderen, weil das Land groß genug ist, um sich zu verkrümeln. Aber im Pub erfahren Sie sehr schnell, wo sich Ihre Landsleute angesiedelt haben.

Etliche Amerikaner, deren Vorfahren einst aus Irland ka-

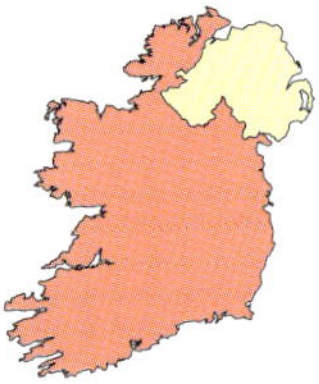

men, suchen in der alten Heimat ihre neue Heimat. Manche sind enttäuscht, andere entzückt. Immer häufiger begegnen Sie Koreanern oder Japanern, die hier für eine Softwarefirma tätig sind, oder Russen, die über den Grund ihres Aufenthalt nichts sagen können oder wollen, weil sie angeblich kein Wort Englisch sprechen. Da gibt es Syrer, Litauer und Ukrainer, die Mädchen aus Tipperary oder Athlone geehelicht haben, um damit in den Genuss einer unbefristeten Aufenthaltsgenehmigung zu kommen, Ungarn, die in Kinsale eine Zigeunerkapelle gegründet haben, Italiener, die eine Pizzeria nach der anderen eröffnen – sie alle bevölkern die große Bühne Irland. Ihr Kommen und Gehen hat Irland aus seiner langen Periode der Isolation herausgeführt. Aber es gibt auch Gegenden, wo Sie so gut wie niemandem begegnen, nicht einmal Iren. Möglicherweise zieht es Sie gerade dort hin.

Mit dem Auto unterwegs

Das Straßennetz Irlands befindet sich zum überwiegenden Teil in einem recht guten, teils sogar in einem ausgezeichneten Zustand. Sind Sie mit ihrem linksgelenkten Auto unterwegs, so hatten Sie anfangs wahrscheinlich Schwierigkeiten, sich auf den Linksverkehr einzustellen und beim Überholen – insbesondere auf einspurigen Straßen – denn geeigneten Moment zum Ausscheren abzupassen. Beim Fahren eines Rechtslenkers (z. B. Leihwagen) gab es dann ein anderes Problem: Die Gewöhnung, mit der linken Hand zu schalten, sofern der Wagen keine Getriebeautomatik hat.

So oder so bedarf es einer Gewöhnung an den Linksverkehr und an die Rechtslenkung. Viele Autofahrer vom Kontinent kommen damit aber schon nach kurzer Zeit zurecht. Sie verursachen nach Auskunft der Automobilclubs auch nicht mehr Unfälle als Iren am Steuer ihrer Rechtslenker.

Eine ganz ausgezeichnete Sache sind die zahlreichen *roundabouts*. Diese Kreisverkehrsinseln gibt es bei fast allen Ausfahrten der *motorways*, bei vielen Straßenkreuzungen in Stadt und Land, sogar in keinen Dörfern. Einer ihrer Vorteile ist die Möglichkeit, in entgegengesetzter Richtung wieder zurückzufahren, im Falle man sich verfahren hat und vorher keine

Chance wahrnehmen konnte, den Wagen zu wenden.

Benzin wird in Irland schon lange nicht mehr nach Gallonen, sondern nach Litern abgegeben. Der Liter Benzin kostet (Stand Januar 2002) 0,95 Euro, Super 1,10 Euro, Diesel 0,79 Euro. Autofahren ist bei diesen Preisen ein teures Vergnügen. Die Öffnungszeiten der Tankstellen sind nicht einheitlich, und viele haben am Sonntag überhaupt nicht geöffnet. Tanken Sie also werktags!

Das Verhalten des Iren am Steuer ist ganz und gar nicht als aggressiv, eher als defensiv zu bezeichnen. Man hält sich in Ortschaften an die vorgeschriebenen 30 mph (48 km/h), fährt eher mal etwas langsamer – schon wegen der vielen Buckel (*bumps*) auf dem Boden, die einen ans Einhalten mäßiger Geschwindigkeit gemahnen. Auf Landstraßen gilt eine Höchstgeschwindigkeit von 60 mph (ca. 97 km/h), und wenn ein Zeitgenosse es besonders eilig haben sollte und darauf besteht, mit illegalen 90 mph überholen zu wollen, macht ihm jedermann bereitwillig Platz. Der Versuchung, ihm nachzujagen, unterliegen aber meist nur ausländische Kraftfahrer. Auf dem Motorway darf man 70 mph schnell sein (113 km/h) – aber auch nur dort. Für Nutzfahrzeuge und Omnibusse gelten überall maximal 50 mph (80 km/h).

Auf großen Tafeln wird verkündet, dass die Europäische Union in Irland den Straßenbau finanzieren hilft.

Nicht zuletzt trägt die eher gemächliche Fahrweise der Iren zu der langen Lebensdauer ihrer Autos bei. Höchstbeanspruchungen werden vermieden. Und auf Landstraßen wird besonders vorsichtig gefahren; sie sind eng und kurvenreich, von hohen Hecken gesäumt und streckenweise auf 30 mph li-

Wissen, wo's lang geht: Leider stehen Wegweiser nicht an allen Straßenkreuzungen in Irland, und dass Schelme sie verdrehen, geschieht auch recht häufig.

mitiert. Etwas höheres Tempo legen hier nur die *lorries* (Lastwagen) vor.

Telefonieren per Handy während der Fahrt ist dem Fahrzeuglenker verboten. Für das Mobiltelefon sollte Ihr Wagen also über eine Freisprechanlage verfügen. Wer mit dem Handy am Ohr erwischt wird, dem droht eine Strafe bis zu 150 Euro.

Einfache oder doppelte gelbe Streifen, die am Straßenrand parallel zum Bordstein verlaufen, kennzeichnen ein Park- bzw. Halteverbot. Zu welchen Zeiten diese Verbote gelten, steht auf kleinen Schildern am Straßenrand. An Bordsteinen mit nur einem Streifen ist das parken außerhalb der *business hours* erlaubt, in der Regel also von 19:00 bis 9:00 Uhr. Parken entgegen der

Fahrtrichtung wird fast überall toleriert. Kreuzungsbereiche sind mit gelben Gitterstreifen (*box area*) markiert und von stehendem Verkehr frei zu halten; hier gilt erhöhte Vorsicht, wenn sich der Verkehr staut.

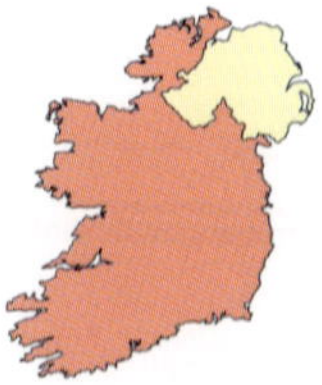

Parkraum ist knapp, gerade in kleinen Ortschaften mit ihren engen Durchfahrtsstraßen, aber es gibt meist gekennzeichnete Parkflächen, auf denen man sein Auto auch für längere Zeit abstellen kann. In manchen Fällen ist die Parkdauer auf 12 oder 18 Stunden begrenzt.

Die Beschilderung an den Landstraßen und an den *Motorways*, von denen einige dreispurig angelegt sind, und auf den *Dual Carriageways* – zweispurige Hauptverkehrsstraßen (*Primary Roads*) der A-Kategorie – ist zweisprachig gehalten. Blaue Hinweisschilder beziehen sich auf *Motorways*, Tafeln mit grünem Fond auf Nationalstraßen. Alle Entfernungsangaben sind in Kilometern, nicht mehr in Meilen, doch die Geschwindigkeitslimits werde nach wie vor in mph (1 Meile = 1,6 km) angegeben. Hinweisschilder sind weißgrundig, Warnschilder (auf der Spitze stehende Quadrate) gelb, Baustellenschilder orangefarben, Informationsschilder für Touristen braun. Unfallträchtige Ecken sind als *black spots* gekennzeichnet.

Einige Schilder kommen uns vertraut vor; die grünen Tafeln tragen die Ortsnamen auch auf Gälisch.

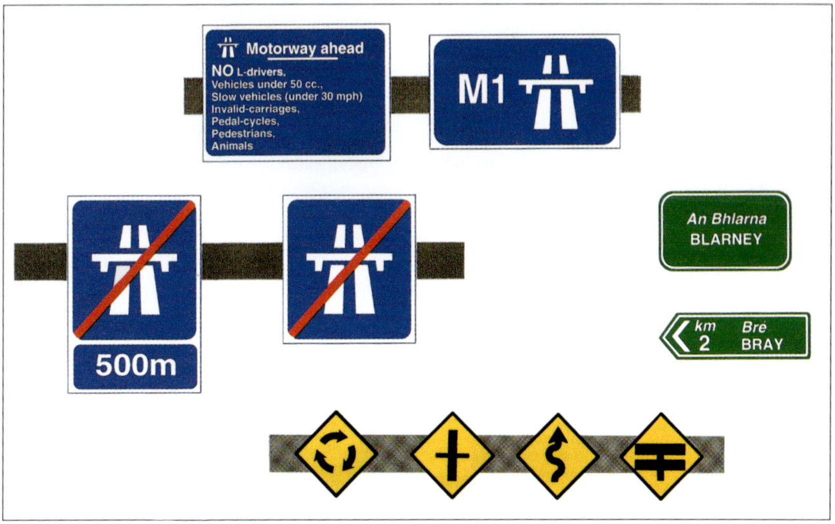

Tanken Sie rechtzeitig. Die nächste Station könnte eine sein, die vor ein paar Jahren zugemacht hat…

Verkehrsstauungen gibt es selten; sie nimmt der Ire mit Gelassenheit. Polizeifahrzeuge – sie tragen die Aufschrift *Garda* – sind selten zu sehen. Eher schon Straßenbaukolonnen: Das Straßennetz Irlands erfährt hervorragende Pflege und wird ständig ausgebaut. So verschwinden auch allmählich die vielen Buckel, die einst Federn und Stoßdämpfer strapazierten. Viele Hauptverkehrswege haben einen breiten, durch eine durchgehende Linie markierten Seitenstreifen (*hard shoulder*), auf den langsamere Fahrzeuge ausweichen, der aber auch von Fahrrad- und Mopedfahrern benutzt wird. Bussen vorbehaltene Spuren in den Städten dürfen allenfalls von Taxis mitbenutzt werden. In Dublin gibt es sogar *»Bus Only Streets«*.

Wenn Sie eine Panne haben, hilft Ihnen kein »Gelber Engel«, wohl aber vermutlich der nächste Lkw-Chauffeur. Im übrigen müssen Sie nicht wegen einer Lappalie nach einer Repräsentanz Ihrer Automarke suchen. Fahren Sie getrost bei der Konkurrenz vor – man wird Sie nicht wegschicken. Jeder hilft jedem.

Im Falle eines Unfalls oder anderer Notlagen, in denen Sie dringend Hilfe benötigen, rufen Sie *999* an. Dies ist die landesweit gültige Nummer für den Polizei-, Feuerwehr- und Unfallnotruf. Über Mobilfunk wählen Sie *112*. Bei Unfällen ohne Personenschäden ist die Polizei nicht verpflichtet, aktiv zu werden; es ist die Angelegenheit der Versicherungen und der Anwälte, sich ums Grobe zu kümmern. Schmerzensgeldforderungen können übrigens astronomische Höhen erreichen, ähnlich wie in den USA. Bei leichten Blechschäden einigt man sich an Ort und Stelle – Bagatell-Karambolagen können der Beginn einer wunderbaren Freundschaft sein!

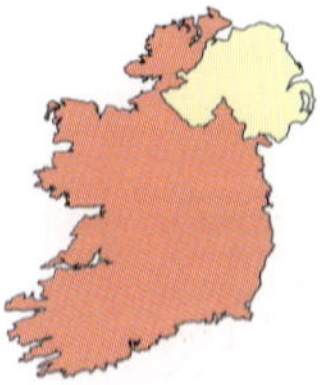

Öffentliche Verkehrsmittel, Flugverkehr

Wer es sich leisten kann, bekennt sich in Irland mit Leidenschaft zum Autofahren. Und wer sich's nicht leisten kann, fährt ebenfalls Auto, und sei es auf Kredit. Dennoch sind viele Iren auf die Benutzung öffentlicher Verkehrsmittel angewiesen. Nicht zuletzt, weil in vielen Familien kein Zweitwagen vorhanden ist.

Der morgendliche Vorortbahn- und Busverkehr spielt sich in Irland nicht anders als in jedem anderen Land ab; würden deren Teilnehmer sämtlich auf eigenen zwei oder vier Rädern zur Arbeit pendeln, wäre es um den Straßenverkehr im Ballungsbereich der Metropolen schlimm bestellt. Das regionale Bussysteme der Eireann Bus Ltd. (wobei man mit *bus* den Doppeldecker, mit *coach* den normalen Bus zu bezeichnen pflegt) erstreckt sich über ein verhältnismäßig dichtes Netz im Land. Busfahren ist obendrein preiswert: Ein Ticket von Dublin nach Cork kostet beispielsweise nicht viel mehr als 15 Euro.

Luftverkehr: Immer mehr Geschäftsleute, bei denen der Zeitfaktor von ausschlaggebender Bedeutung ist, bedienen sich des irischen Flugnetzes, versorgt von der Aer Lingus, die auch ausländische Flughäfen bedient. Bekanntlich ist der Shannon Airport in der Nähe von Limerick der große internationale Flughafen Irlands. Flughäfen haben selbstverständlich aber auch die Städte Dublin, Cork, Galway, Kilkenny, Castlebar, Wicklow und Waterford. Von kleineren Plätzen aus bedient man die Inseln vor der Westküste.

Für den, der mehr oder weniger regelmäßig nach Irland fliegt, lohnt das Buchen mehrerer Flüge rechtzeitig im Voraus mit dem Vorteil, Sparangebote nutzen zu können. Bei einigen Airlines gibt es übrigens interessante Spezialtarife, die nicht jedes Reisebüro offeriert, sofern man nicht ausdrücklich danach fragt. Hier hilft, wie so oft in heutiger Zeit, das Surfen im Internet.

3. Ihr Traum nimmt Gestalt an

Das Eintauchen in die neue, selbst gewählte Welt fällt Ihnen um so leichter, je besser Sie sich darauf vorbereiten und sich mit all den Fragen und Prozeduren beschäftigen, die auf Sie zukommen werden. Wer ein paar Spielregeln kennt, dem können sie sehr nützlich sein.

Sonntag oder Werktag? Wen kümmert's – die Zeit scheint hier ohnehin stehen geblieben zu sein …

Es mag sein, dass der Alltag, wie ihn der Ire erlebt und bewältigt, Ihnen zunächst als gar nicht so wichtig erscheint. Wenn Sie sich Ihren Traum, in Irland zu residieren, eines Tages endlich erfüllen, dann ja gerade, weil Sie Anpassungen, Verpflichtungen und Zwängen entrinnen möchten. Warum sollten Sie sich neuen Regularien unterordnen?

Andererseits fällt Ihnen das Eintauchen in die neue, selbst gewählte Welt um so leichter, je eher Sie bereit sind, sich einer neuen Umgebung anzupassen. Und je besser Sie sich darauf vorbereiten und sich mit all den Fragen und Prozeduren beschäftigen, die mit Sicherheit auf Sie zukommen werden, desto niedriger sind die Hürden. Mit Stress muss das nicht viel zu tun haben, und im Übrigen ist das alles eine Frage der persönlichen Einstellung. Wer ein paar Spielregeln des Gastlandes kennt und sich nach ihnen richtet, dem können sie nur nutzen.

Aufenthaltserlaubnis

Staatsangehörige eines der Mitgliedsstaaten der Europäischen Gemeinschaft benötigen keine Aufenthaltserlaubnis, wenn sie in ein anderes Land der EU übersiedeln. Also brauchen Deutsche und Österreicher, die ihren Wohnsitz vorübergehend oder auf Dauer nach Irland verlegen, zunächst weder einen Sichtvermerk im Reisepass (Visum) noch eine andere Art von *permit*. Schweizer und andere Bürger aus nicht im Europäischen Wirtschaftsraum (EEC) organisierten Staaten, die sich länger als drei Monate in Irland aufhalten möchten, können von dieser Regelung keinen Gebrauch machen und müssen sich vom *Department of Justice, Equality and Law Reform* eine Aufenthaltserlaubnis erteilen lassen, und zwar schon vor der Einreise in Irland. Theoretisch jedenfalls – in der Praxis genügt ein Vorsprechen bei der *Garda Síochána* (Polizeibehörde), wo man sich um alle Formalitäten kümmert.

Die viel gerühmte Freizügigkeit des Aufenthalts innerhalb der Staaten der Europäischen Union wird oft falsch interpretiert. So ist es auch in Irland sehr wohl Pflicht, als Ausländer (UK-Bürger ausgenommen) nach dreimonatigem Aufenthalt bei der zuständigen Polizeibehörde vorzusprechen und eine Aufenthaltsgenehmigung zu beantragen. Diese *residence permit* wird Bürgern aus EU-Ländern ohne weiteres erteilt, und zwar vom oben bereits erwähnten *Department of Justice, Equality and Law Reform*. Sie hat eine Gültigkeit von fünf Jahren. Arbeitnehmer, die sich nur vorübergehend in Irland aufhalten, Studierende oder auch sporadisch anwesende *Holiday residents* – gleich, ob sie Immobilienbesitz haben oder nicht – können damit leben. Wer länger bleiben möchte, muss nach Ablauf der fünf Jahre eine Verlängerung beantragen, und wer anschließend seinen ständigen Wohnsitz für immer in Irland (*permanent residence*) zu behalten gedenkt, kann die Erteilung der irischen Staatsbürgerschaft beantragen.

Investoren, die innerhalb von sieben Jahren 1,2 Millionen Euro ins Land bringen und ein Unternehmen gründen wollen, sowie Selbstständige mit einem nachweisbaren finanziell unabhängigen Status, Rentner bzw. Pensionäre oder auch Personen mit einem zeitlich nicht begrenzten Anstellungsvertrag einer in Irland ansässigen Firma erhalten die *residence permit* ohne zeitliche Limitierung. Wer nicht angestellt und damit zwangsversichert ist, muss im Besitz eines Nachweises einer Krankenversicherung sein. An Personalpapieren, die bei den Behörden vorzulegen sind, genügt der nationale Personalausweis (*identity card*), und wenn es sich um eine Familie handelt, sind Heirats- und Geburtsurkunden der (minderjährigen) Kinder gefragt. Beträgt die geplante Aufenthaltsdauer mehr als drei, aber nicht mehr als zwölf Monate, erhält man ein *temporary residence permit*.

Mit der Aushändigung der *Certificate of Registration* (auch: *Aliens Registration Book* oder *Green Book*) sind Sie bestens gewappnet, um alle eventuell notwendig werdenden Behördengänge zu erledigen.

Wer in Irland geborene Kinder oder einen gebürtigen Iren zum Ehepartner hat, unterliegt all diesen Formalitäten nicht.

Eine polizeiliche Meldepflicht kennt man in Irland nicht. Wo Sie sich also niederlassen, ist nach Erledigung dieser Formalitäten unerheblich. Dennoch gibt es eine Behörde, die gern wissen möchte, wer als Einwanderer auf die Insel kommt: das *Aliens Registration Office*. Das ist eine Abteilung des Justizministeriums mit Sitz in Dublin. Das dortige persönliche Vorsprechen ist zwar Pflicht für jene, denen man eine *residence permit* ausgestellt hat, liegt aber, wie so vieles in Irland, im Ermessen jedes Einzelnen. Nur bei Personen aus Nicht-EU-Ländern wird das Erscheinen strikt verlangt. Das heißt: Nur wenige EU-Zuwanderer suchen das ARO zwecks Registrierung auf. Und noch weniger melden sich dort wieder ab, wenn sie eines Tages dem Land wieder den Rücken zukehren.

Arbeiten in Irland

Wie bei der Aufenthaltserlaubnis verhält es sich auch mit Arbeitsgenehmigung (*work permit*) in Irland: EU-Bürger können seit 1993 in allen Mitgliedstaaten der Union, also auch in Irland, bezahlte Tätigkeiten ausüben, sei es im Angestelltenverhältnis oder freiberuflich – Hauptsache, der Fiskus bekommt aus den Einkünften den ihm daraus zustehenden Steueranteil.

Kein Pub mehr, sondern ein Frisiersalon. Aber ebenso schön!

Die Zahl der Erwerbslosen betrug im Jahr 2000 weniger als 6,0 Prozent. Das ist im Vergleich zu anderen europäischen Ländern ein sehr niedriger Wert. Wer also einen Job sucht, findet ihn auch. Jährlich werden in Irland 30.000 bis 40.000 neue Arbeitsstellen geschaffen; allein im Jahre 1997 wurden mehr als 16.000 Firmen gegründet. Zunehmend werden junge Frauen eingestellt – das war vor 15 Jahren noch undenkbar.

Die Suche nach einem interessanten Job beginnt beim Studium der Stellenanzeigen in den Tageszeitungen

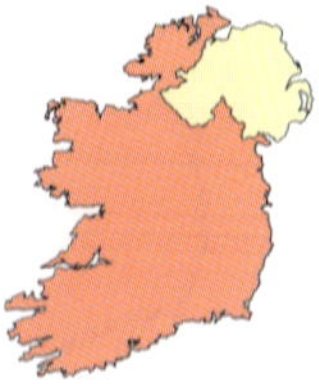

(*Irish Times, Irish Examiner, Sunday Independant, The Corkman, Evening Herald* und andere), wobei die Angebote im Elektronik- und Softwarebereich überwiegen. 50 Prozent der gesamten in Europa verkauften Software kommt aus Irland. Aber auch Fachleute zahlreicher anderer Branchen werden gesucht – oder jungen Menschen, die sich zu solchen ausbilden lassen wollen. Dutzende großer Unternehmen haben ihre Call Centers und Servicebetriebe in Irland angesiedelt; eine Vielzahl bekannter pharmazeutischer Produkte wie alle Arten von Autozubehör tragen gleichermaßen das Label »Made in Ireland«.

Man kann sich auch einer Agentur bedienen, wie sie die Europäischen Arbeitsvermittlungsdienste (EURES) oder der *European Employment Service* darstellen. Diese Institute vermitteln nicht nur Jobs im Ausland, sondern informieren einen auch über die dortigen Lebensbedingungen. Ein Nachweis über das Beherrschen der Landessprache wird nicht verlangt – er wird vorausgesetzt.

Bei Zuwanderern aus Nicht-EU-Staaten ist die Erteilung einer *work permit* in Irland etwas komplizierter. Anträge sind vom Arbeitgeber in Irland an das *Department of Enterprise, Trade and Employment* (DETE) zu richten. Und kassiert wird dafür auch: 20 Euro pro Monat. Es hat wenig Zweck, auf eigene Kappe ein *work permit* zu beantragen und dann erst einen Job zu suchen: Es ist immer das Unternehmen, das einen solchen Antrag für seine Arbeitnehmer stellen und nachweisen muss, dass kein EU-Bürger für den Job zu finden war.

Schon um die Abgaben zu sparen, bevorzugen die meisten Firmen also Arbeitnehmer aus den EU-Staaten. Ehepartner unterliegen all den Formalitäten übrigens nicht, ebenso wenig Ausländer aus Nicht-EU-Staaten, die Eltern in Irland geborener Kinder sind: Sie erhalten das *work permit* ohne Umstände. Was manche schwangere Ehefrau eines potentiellen Irland-Bewerbers schon bewogen hat, zum Zeitpunkt der Niederkunft sich »zufällig« in Irland aufzuhalten. Der (die) kleine irische Staatsbürger(in) ermöglichte einem Elternteil automatisch die Erlangung einer unbegrenzten Aufenthalts- und Arbeitserlaubnis, und dem anderen Ehepartner ebenso automatisch das Gastrecht kraft Ehestand...

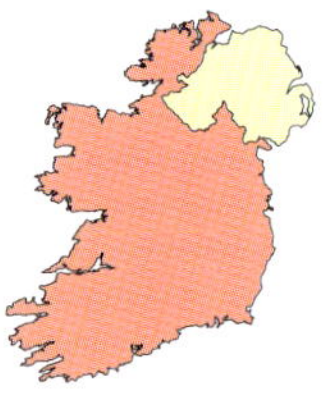

und wie lange. Vom »gewöhnlichen Aufenthalt« spricht das Finanzamt unter Bezugnahme auf § 9 AO, wenn sich jemand dort unter Umständen aufhält, die erkennen lassen, dass er an diesem Ort oder in dem Gebiet »nicht nur vorübergehend« verweilt. Und ein zeitlich zusammenhängender Aufenthalt von mehr als sechs Monaten Dauer ist eben ein solcher »gewöhnlicher Aufenthalt«.

Die unbegrenzte Steuerpflicht für Personen, die ihren Wohnsitz oder gewöhnlichen Aufenthalt also in Deutschland beibehalten, erstreckt sich auch auf sämtliche Einkünfte, die aus dem Ausland stammen, etwa in Form von Mieteinnahmen aus einer Wohnung, Verpachtung, Kapitalverzinsung. Dieses Prinzip der »Weltbesteuerung« erfährt durch zwischenstaatliche Abkommen, die eine Doppelbesteuerung verhindern sollen, jedoch Einschränkungen.

Danach sind natürliche Personen, die im Inland (also Deutschland) weder Wohnsitz noch den gewöhnlichen Aufenthalt haben, gleichwohl dort Einkünfte beziehen, dort auch »beschränkt steuerpflichtig«. Das heißt, sie unterliegen der Einkommensteuer nur mit ihren inländischen Einkünften (§ 49 des EStG). Das deutsche Finanzamt erkennt einen Wohnsitz im Ausland als solchen an, wenn alle Umstände darauf schließen lassen, dass der Steuerpflichtige dort auch tatsächlich wohnt (und nicht nur eine Briefkastenadresse unterhält), wie weiter oben dargelegt.

Wohin Renten oder Pensionen, Tantiemen, Mieteinkünfte oder Honorare aus freiberuflicher Tätigkeit überwiesen werden, ist für die Beurteilung der Steuerpflicht durch das deutsche Finanzamt unerheblich.

Willkommen als Steuerzahler in Irland!

Wer in Irland aus nicht Arbeit oder Kapitalvermögen Einkünfte bezieht, ist dort auch steuerpflichtig. Und die Steuergrenze liegt sehr niedrig: Nur bei Einkünften von weniger als 30 Euro pro Monat bleiben Sie ungeschoren. Aber unter dem Strich sind die Sätze doch günstig, daher ist Geldverdienen in Irland interessanter als in den meisten anderen Ländern Europas. Irland kann man zwar nicht gerade als ein Steuerparadies bezeichnen, aber die Möglichkeiten, als *tax payer* gut abzuschneiden, sind beachtlich.

Vor allem gilt es festzustellen, ob Sie in Irland überhaupt der Steuerpflicht (*tax liability*) unterliegen. Wie in allen anderen EU-Ländern, hängt Ihr Status als der eines *resident* davon ab, wie viele Tage im Jahr Sie sich an einem Wohnsitz aufhalten, weil man davon ausgeht, dass dort ihr persönlicher und wirtschaftlicher Mittelpunkt ist, gleichviel, ob sie ihn zu ihrem ersten oder zweiten Wohnsitz erklären (in Zweifelsfällen entscheidet die Staatsbürgerschaft). Dort, wo Sie normalerweise an mehr als 183 Tagen leben, unterliegen Sie der Inlands-Steuerpflicht. In Irland gilt die Regel: mindestens 280 Tage innerhalb zweiter Kalenderjahre. Wobei in jedem der beiden Jahre 30 Tage in Abzug kommen. Wohnen Sie drei aufeinander folgende

Ein Job in der Filmbranche? Hier könnte er sich bieten...

Jahre permanent in Irland, zählen Sie automatisch als Vollsteuerpflichtiger in der Grünen Insel.

Man unterscheidet zwischen *earned* einerseits und *unearned income* andererseits – also Einkommen aus Arbeitsleistung, Pensionszahlungen, Kapitalvermögen, Anlagen oder Immobilienbesitz und Einkommen aus Unternehmergewinn (auch Dividenden, Zinsen eingezahltem Betriebskapital). Von der Firma gewährte Vergünstigungen wie Geschäftswagen, Urlaubsgeld, Umzugsbeihilfen, freies Quartier oder Versicherungen sind ebenfalls *unearned incomes* und damit zu versteuern. Einem Angestellten einen Geschäftswagen auch zur privaten Nutzung zur Verfügung zu stellen ist in Irland (wie in Großbritannien) ein probates Lockmittel, um gute Leute zu bekommen. Steigerungsmöglichkeiten sind freier Kundendienst und Gratistanken – und der Arbeitgeber hat obendrein den Vorteil, die laufenden Kosten absetzen zu können. Der auf diese Art Begünstigte muss es sich aber gefallen lassen, den geldeswerten Vorteil (*cash equivalent* oder *benefits-in-kind*) auf sein Einkommen angerechnet zu bekommen. Er würde sich letzten Endes aber ungünstiger stehen, müsste er alle Aufwendungen für ein Auto aus eigener Tasche zahlen.

Einkünfte aus einem Angestelltenverhältnis werden nach einem einfachen Schema versteuert. Dieses Schema der Besteuerung nichtselbstständiger Arbeit heißt *Pay as you earn*, abgekürzt PAYE, und für die Abführung der Beträge hat der Arbeitgeber Sorge zu tragen. Es gibt jede Menge Arten von Freibeträgen, die auf einem *tax free allowance certificate* eingetragen sind, das ist die irische Variante der jährlich neu ausgegebenen Lohnsteuerkarte. Für Berufsanfänger, die noch nie eine solche Karte besaßen, muss sie der Arbeitgeber bei seinem Finanzamt (*Revenue Commissioners*) beantragen. Lohnsteuer fällt übrigens nicht an, wenn Ihr Aufenthalt in Irland nicht länger als zehn Monate pro Steuerjahr beträgt. Wer bis zu 12.750 Euro pro volles Jahr verdient, hat davon 24 Prozent abzuführen, für Einkünfte ab 12.750 Euro sind es 46 Prozent. Die ersten 1700 Euro sind aber steuerfrei. Und es gibt für die persönliche Lebensführung einen Freibetrag in Höhe von 4000 Euro pro Jahr und Person, also 8000 Euro bei Ehepaaren. Wer alle Vergünstigungen zu nutzen versteht, erreicht die 46-Prozent-Hürde nie.

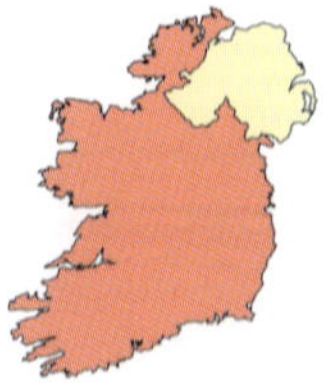

Man unterscheidet zwischen Aufwendungen, die man von der Steuer absetzen kann (*deductions*) und Freibeträgen (*allowances*). Letztere gesteht man beispielsweise Alleinerziehenden zu oder Personen, die Angehörige unterstützen. Pro Person sind das weitere 4000 Euro jährlich. Freibeträge gibt es ferner für Aufwendungen wie Miete (bis zu 640 Euro für Singles, 1280 Euro für Ehepaare), Krankenversicherung, Beiträge zur Vermögensbildung, Kindererziehung und -ausbildung. Verheiratete genießen kein Privileg einer günstigeren Steuerklasse. Wer über 65 Jahre alt ist, kann weitere 500 Euro pro Jahr *allowance* in Anspruch nehmen.

Selbstständig Gewerbetreibende (*self-employed*) müssen am Ende des Steuerjahres eine Steuererklärung über ihre Einkünfte abgeben (*self-assessment of income*). Ein Formblatt hierfür verschicken die Finanzbehörden Anfang Oktober. Wie bei der Einkommensteuer, gibt es eine Grenze zwischen einem 24- und einem 46-Prozent-Steuersatz, nur liegt sie hier bei 25.000 Euro. Doch die Erleichterungen, die man Selbstständigen gewährt, die Höhe der Abschreibungen und andere Vergünstigungen sind nicht uninteressant, sonst gäbe es nicht so viele Selbstständige in Irland. Großzügig bemessene *deductions* gelten für Versicherungsbeiträge, Aufwendungen für Buchhaltung und Beratung, Zinszahlungen, Altersvorsorge (allein hierfür lassen sich 15 bis 20 Prozent ansetzen).

Wenn Sie kein irischer Staatsbürger sind und sich dort nur von Zeit zu Zeit aufhalten, in Irland aber Grundbesitz haben, ist es ratsam, einen Bevollmächtigten zu ernennen, der Ihre Angelegenheiten auch während Ihrer Abwesenheit regelt. Ist diese Person zugleich Ihr Steuerberater – um so besser. Falls Sie Mieteinnahmen aus Grundbesitz in Irland erwarten, muss er auch die Funktion eines *collecting agent* erfüllen (Mieteinnehmer); diesen Job könnte aber auch jemand anderes für Sie wahrnehmen. Kalkulieren Sie jährlich etwa 350 Euro für die Inanspruchnahme eines Steuerberaters ein.

Firmen, die einen GmbH-Status haben (*Limited company*), auch wenn sie von Einzelpersonen geführt werden, zahlen wie bei uns Körperschaftssteuer (*corporation tax*) in Höhe von 25 Prozent für einen Jahresgewinn bis zu 63.500 Euro, darüber sind es 32 Prozent. In verschiedenen Branchen werden die

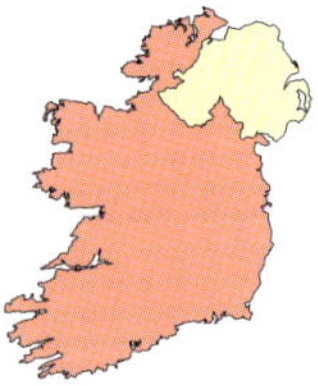

Gewinne aber nur mit 10 Prozent pauschal versteuert. Man veranschlagt auf den zu erwartenden Gewinn eine Steuervorauszahlung (*preliminary tax*), fällig spätestens am 1. November eines jeden Jahres; etwa neun Monate nach Ende eines Steuerjahres (das immer am 5. April endet) erfolgt jeweils die Endabrechnung, aus der eine Rückerstattung zu viel bezahlter Beträge oder die Fälligkeit einer Nachzahlung resultiert. Welche Formen der Abschreibungen (*capital allowances*) in Anspruch genommen werden können, ist regional sehr unterschiedlich und hängt nicht zuletzt von der Art der Investition, der Höhe der Anschaffungskosten und dem Geschäftsgegenstand des Unternehmens ab.

Weitere Details zum Thema Steuer würden den Rahmen dieses Buches sprengen, ebenso über Umsatz- bzw. Mehrwertsteuer bei Aufnahme einer gewerblichen Tätigkeit. In diesem Falle ist die Inanspruchnahme eines einheimischen Steuerberaters ohnehin unerlässlich. Und was Sie über Grundsteuern und über andere Verpflichtungen gegenüber dem Fiskus aus Immobilienkauf und -besitz wissen müssen, erfahren Sie in dem Kapitel Erwerb von Grund und Boden.

Honorare, die Künstler und Schriftsteller für ihre Leistungen erzielen, sind steuerfrei. Dies gilt für Urheberrechte ganz allgemein – ein Grund warum viele Unternehmen der Unterhaltungsbranche, aber auch Verlage und Bildagenturen einen Firmensitz in Irland unterhalten.

Mehrwertsteuer kennt man in Irland wie in allen anderen Ländern Europas. Sie heißt dort *Value Added Tax* (VAT) und beträgt zur Zeit 21 Prozent. Lebensmittel, Saatgut, Futtermittel, Medikamente, medizinische Geräte, Bücher, Kinderkleidung, Personenbeförderung, Versicherungsprämien und Bankdienste sind von der VAT ausgenommen. Hausbau, elektrischer Strom, Autoreparaturen, Beherbergung, Essen im Restaurant, alle künstlerischen Leistungen, Fotoarbeiten, Leistungen der Landwirtschaft sowie des Fremdenverkehrs werden mit nur 12,5 Prozent beaufschlagt. Als Selbstständiger in spe sollten Sie sich über das VAT-Schema in Irland genauestens informieren, denn es gibt viele Ausnahmen von der Regel und vor allem immer wieder kurzfristig vorgenommene Änderungen.

Die Behörden warnen dringend davor, sich in Irland selbstständig zu machen ohne ausreichende finanzielle Grundlage oder ohne ausreichende Kenntnisse über die Marktsituation. Der »Celtic Tiger« springt nicht auf Knopfdruck beliebig hoch oder weit. Sorgfältige Planung und fachliche Beratung vor Ort sind wesentliche Voraussetzungen, um in Irland erfolgreich operieren zu können. Kapitalmangel ist der häufigste Grund, warum hoffnungsvolle Jungunternehmer eines Tages ihre Aktivitäten und Zahlungen einstellen müssen – das hat in Irland ebenso unangenehme Folgen wie anderswo.

Zinserträge und Einkünfte aus Geldanlagen müssen in Irland ebenfalls versteuert werden. Dies Zinsertragssteuer heißt *Deposit Interest Retention Tax*, abgekürzt DIRT. Ausländer sind von dieser Steuer, die im Regelfall stolze 24 Prozent beträgt, ausgenommen, wenn sie nachweisen können, dass die Erträge bereits im Heimatland versteuert wurden. Der verbleibende Betrag unterliegt in Irland keiner weitere Besteuerung. Erträge aus einigen bestimmten Sparformen werden in Irland mit einem niedrigeren Steuersatz belegt oder sind sogar gänzlich von der Steuer befreit, etwa Zinsen von *Saving Bonds* der irischen Postbank. Zinserträge aus Beteiligungen an der Firma, die einen beschäftigt, können unter bestimmten Umständen ebenfalls steuerfrei sein.

An verschiedenen Stellen dieses Buches wird darauf hingewiesen, dass die Hinzuziehung eines Steuerberaters (*accountant* oder *tax adviser*) dringend anzuraten ist. Ein solcher Fachmann kann schon im Vorfeld ermitteln, welche Vergünstigungen in Anspruch zu nehmen sind – und um solche geht es ja in aller Regel. Schon die Frage, ob bei Ehepaaren je eine Einzel- oder eine Zusamenveranlagung (*joint assesment*) – sofern beide Einkünfte beziehen – günstiger ist, vermag ein in Steuersachen Unkundiger kaum selbst auszurechnen. Wichtig ist, auch die einzelnen Steuer- und Antragstermine zu kennen (und einzuhalten!), und auch das Ausfüllen von Formularen ist eine Wissenschaft für sich. Aber auch die Finanzämter – *tax offices* gibt es in allen Counties Irlands – sind gehalten, ihren »Kunden« Hilfestellung zu geben. Die landesweit zuständige Helpline hat die Telefonnummer 01 878 000.

Sie werden nicht zweimal zur Kasse gebeten

Falls Sie Einkünfte aus Vermögen oder aus einer Erwerbstätigkeit in Irland beziehen, interessiert sich dafür nicht nur der dortige Fiskus, sondern auch der in Ihrem Heimatland. Zum Glück gibt es jedoch mit fast allen europäischen Staaten (derzeit sind es 30) Abkommen, die eine Doppelbesteuerung vermeiden, sodass Sie für eine Steuerschuld nicht zweimal zur Kasse gebeten werden. Unter Bezug auf dieses Abkommen (in Deutschland DBA genannt) sind die irischen Finanzbehörden berechtigt, von Ihnen zwar Steuern auf Einkünfte zu erheben, zu denen beispielsweise auch Einnahmen aus der Vermietung Ihres dortigen Hauses zählen, doch darf das deutsche Finanzamt diese Einkünfte dann nicht zur Bemessung der von Ihnen in Deutschland zu zahlenden Einkommensteuer hinzuziehen. Es gewährt Ihnen auf den DBA-Antrag hin diesbezüglich eine »Freistellung«.

Unterscheiden muss man allerdings zwischen dem Steuersatz, der für die Berechnung einer Steuer angewendet wird, und den Steuern, die de facto zu zahlen sind. Für Einkünfte aus Immobilienbesitz in Irland bedeutet dies, dass man für diese in Deutschland nach dem DBA zwar keine Steuern zu zahlen hat, aber zur Ermittlung des Steuersatzes werden sie Ihren Gesamteinkünften dennoch zugerechnet. Unerheblich ist dies nur für den, der in Deutschland ohnedies zu den Spitzenverdienern gehört und mit dem höchsten Steuersatz veranlagt wird.

Entscheiden Sie sich für ein Dauerdomizil in Irland, müssen Sie die Finanzbehörden Ihres bisherigen Heimatlandes davon in Kenntnis setzen.

Sozialversicherung und Sozialfürsorge

Nahezu alle Arbeitnehmer und auch alle Selbstständigen zahlen in Irland Beiträge zur Sozialversicherung ein. Diese Beiträge nennen sich *Pay Related Social Insurance* (PRSI). Bei einem Angestellte werden die ersten 500 Euro eines Monatsgehalts für die Beitragsberechnung nicht herangezogen; danach ist man bis zu einer Höhe von 30.000 Euro Jahresverdienst mit 4,5 Prozent abgabenpflichtig. Der Arbeitgeber legt weitere 8,5 bis 12 Prozent Ihres Bruttogehalts dazu. Weitere 2,25 Prozent werden als *health contribution* kassiert; nur wer den Abschluss einer Privatversicherung nachweisen kann, ist von dieser Abgabe befreit.

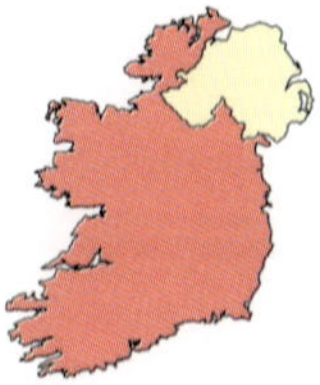

Selbstständige zahlen geringere PRSI-Beiträge, der Mindestbetrag liegt bei 155 Euro pro Jahr. Die Staffelung richtet sich nach der Einkommenshöhe, wobei ähnlich wie bei der Steuer einige Freibeträge in Anrechnung kommen.

Nicht mit unserer »Sozialfürsorge« vergleichbar ist die in Irland praktizierte *Social Welfare*. Sie ist nicht (nur) für die sozial Schwachen da, denen sie ein Existenzminimum sichern hilft oder die in anderen Fällen Not abwenden hilft, etwa bei Arbeitslosigkeit oder unvorhergesehener Arbeitsunfähigkeit. Die *Social Welfare* zahlt allen in Irland residierenden Eltern für ihre Sprösslinge bis zu deren vollendetem 16. Lebensjahr Kinderbeihilfe.

Behördenapparat: die irische Variante

Ganz gleich, in welcher Angelegenheit Sie mit einer Behörde in Irland zu tun bekommen: Sie werden überrascht sein, dass es dort ein bisschen unbürokratischer zugeht als bei uns. Einschlägig erfahrende Kosmopoliten bestätigen, dass diese Tatsache in besonders krassem Gegensatz zu den Verhältnissen in Frankreich und Italien steht. Aber Sie müssen, was immer es zu erledigen gilt, Geduld und viel Zeit mitbringen. Überall gibt es Warteschlangen – dafür spielt in den Räumen, in denen man ausharren muss, Musik.

Es fängt damit an, dass Beamte (*officer*) und Verwaltungsangestellte freundlicher und hilfsbereiter als ihre Kollegen in den Amtsstuben anderer Länder sind. Vor allem aber kennt man in Irland weniger Formulare. Nur selten wird man nach dem Ausweis gefragt, man vertraut auf die Angaben, die Sie zu Ihrer Person machen, ohne sie nachzuprüfen. Nicht einmal als Trauzeuge müssen Sie sich ausweisen.

Den Nachweis, ob Sie in Irland residieren, erbringen Sie durch die Vorlage einer Mietquittung oder eines ähnlichen Papiers, aus dem hervorgeht, wo sie wohnen. Es kann auch ein Bankauszug oder die Stromrechnung sein.

4. Suche nach einem neuen Standort

Von entscheidender Bedeutung für die Suche nach einem Domizil ist die Kenntnis über die Situation auf den regionalen Grundstücksmärkten. Die Auswahl an reizvollen Objekten ist in Irland groß – aber wo beginnt man mit dem Suchen?

In Connemara gibt's keine Wettervorhersage, die länger als sechs Stunden Gültigkeit hätte...

Die Suche nach einem neuen Standort, für den die Formel »Irland« nur ein pauschaler Oberbegriff sein kann, liegt den unterschiedlichsten Kriterien zugrunde, je nachdem, warum Sie auf der Insel ansässig werden wollen.

Eine bestimmte Reihenfolge, in welcher Weise sich die Mosaiksteinchen Ihrer Vorstellung nach und nach zu einem Bild zusammenfügen, das man so gern mit dem Titel: »So gestalte ich mir in Irland ein glückliches Leben«, versehen möchte – die gibt es natürlich nicht. Wohl aber einige Muster, die nachfolgend kurz umrissen sind und Ihnen als Orientierung für eine Vorgehensweise dienen können.

Leben in Irland – vorübergehend oder auf Dauer?

Beantworten Sie sich zunächst die Frage, ob Sie Ihr Wunschdomizil in Irland sporadisch bzw. in mehr oder weniger regelmäßigen Abständen aufzusuchen oder ob Sie dort auf Dauer zu leben gedenken. Also:

- jedes oder jedes zweite/dritte Wochenende?
- acht bis zwölf Mal im Jahr?
- für die Dauer von ein oder zwei Urlaubsperioden im Jahr?
- für den Zeitraum einer befristeten Arbeitsaufnahme?
- für den Zeitraum eines Studiums oder einer anderen Art der Ausbildung?
- permanent?

Ein permanent geplanter Aufenthalt in Irland käme in Frage, wenn Sie finanziell unabhängig, also Bezieher eines Einkommens sind, das nicht (oder nicht mehr) mit der Ausübung eines Berufes in Zusammenhang steht. Oder wenn Sie eine Rente bzw. Pension beziehen. Oder wenn Sie sich eine neue berufliche Existenz aufbauen wollen, für die Sie sich gerade in Irland gute Chancen errechnet haben. Oder wenn Sie freiberuflich in einer Branche tätig sind, die Ihnen eine freie Standortwahl erlaubt.

Ganz entscheidend ist auch, ob Sie allein leben oder in einer Partnerschaft. Nach diesen Kriterien richten sich zwar weniger die Standortfrage und die Notwendigkeit bzw. die Entbehrlichkeit einer günstigen Verkehrsanbindung oder die der lokalen Infrastruktur, in jedem Fall aber sind sie ausschlaggebend für die Dimension, für die Art und die Beschaffenheit des Objekts, das für die Einrichtung eines Domizils in Irland überhaupt in Frage kommt. Denn auch die Koordination Ihrer Interessen mit denen Ihres Partners bzw. Ihrer Partnerin ist schließlich eine wichtige Komponente.

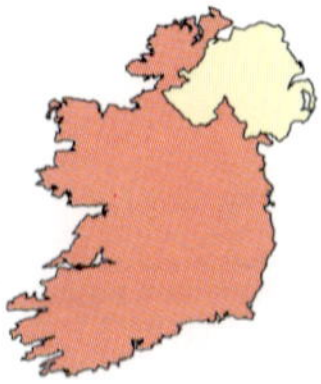

Die eigenen vier Wände

Vorab etwas zum Thema Hausbesitz. Das Bestreben, ein eigenes Haus zu besitzen, und sei es noch so klein oder nur eine schmale »Scheibe« in einer langen Reihe entlang einer städtischen Ausfallstraße, besteht bei den Iren wie bei den Briten. Am liebsten wohnt und lebt man im eigenen Haus.

Hier entstehen Reihenhäuser am Rande einer Kleinstadt. Überall herrscht Bautätigkeit – wenn nicht gerade tea time ist.

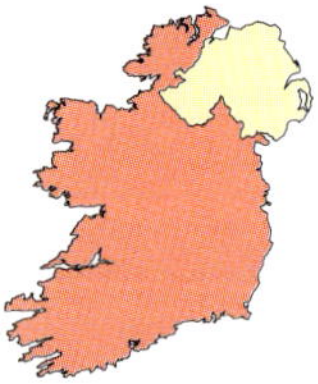

Aber solange Irland quasi eine »Kolonie« der Engländer war, gab es für die Iren wenig Gelegenheit, Wohnungseigentum zu besitzen oder zu erwerben. Erst in den letzten sieben, acht Jahrzehnten wurden Iren Eigentümer der Grundstücke, auf denen sie lebten, und seither wurde es für Normalverdiener immer schwerer, sich eigene vier Wände in der Stadt oder auf dem Land zu leisten. In Dublin haben die Quadratmeterpreise inzwischen astronomische Höhen erreicht; viele junge Paare leben in kleinen, möblierten Zimmern, für die sie monatlich 350 bis 400 Euro zahlen, und wer das Glück hat, über eine Zweizimmerwohnung zu verfügen, vermietet den zweiten Raum gleich doppelt und dreifach – das nennt sich *room sharing*. In solchen Fällen bilden zwei oder drei Personen eine Wohngemeinschaft; die Möblierung solcher Bleiben besteht nur aus der entsprechenden Anzahl Betten. Verdächtig mietgünstige Wohnungen entpuppen sich bei näherer Inaugenscheinnahme als wahre Bruchbuden. An den Randregionen größerer Städte entstehen immer mehr Siedlungen mit modern und komfortabel eingerichteten Einfamilienhäusern, so genannte *Estates*. Man kann die Häuser mieten oder kaufen – teuer wird's in beiden Fällen. Kein Wunder, dass diejenigen, die in Dublin City arbeiten, nach einem Domizil weit außerhalb suchen und dafür längere Anfahrtswege in Kauf nehmen.

Nur eine kleine Schicht des wohlhabenden Bürgertums konnte es sich einst erlauben, wie die englische Aristokratie einen Landsitz zu unterhalten, sich dort in Muße seinen Liebhabereien zu widmen, Pferde zu züchten, Parties zu geben. Viele noble Häuser aus dem frühen und mittleren 19. Jahrhundert in Irland waren aber von Engländern bewohnt.

Wer immer es sich erlauben kann, auf Distanz zum Big Business zu gehen, sucht sich ein Cottage in ländlicher Gegend, ein Haus in der Kleinstadt oder ein reizvoll gelegenes Grundstück, um sich dort das Haus seiner Vorstellung zu bauen.

Die Lage Ihres Traumobjekts

Wenn Sie nicht während längerer Zeiträume in Irland leben, sondern Ihren dortigen Standort in mehr oder weniger kurzen Abständen aufsuchen, stellen Hin- und Rückfahrt vermutlich wichtige Zeitfaktoren dar. Es ist für Sie wichtig, auf welchen Wegen Sie Ihr Domizil am besten und bequemsten ansteuern können. Spielt ein zusätzlicher An- oder Rückfahrtstag keine Rolle, dann kommt auch eine etwas abgelegenere Region (die in vieler Hinsicht von besonderem Reiz sein kann) in Betracht, natürlich erst recht für den Fall, dass Sie sich permanent dort aufhalten möchten oder dies zumindest von einen absehbaren Zeitpunkt an in Erwägung ziehen.

Bei häufigen Kurzurlauben wollen Sie nicht allzu viel Zeit auf verschlungenen Landstraßen zubringen. Sie möchten Ihr Domizil möglichst in wenigen Stunden erreichen; in diesem Fall wird die Nähe eines Flughafens wichtig sein, der direkt angeflogen wird. Unter »Nähe« könnte man noch eine Distanz von 40 bis 60 Kilometern verstehen. Nur wer jeweils für einen längeren Zeitraum in Irland bleibt und viel Gepäck

Abendstimmung am äußersten Südwestzipfel des County Kerry.

(oder Einrichtungsgegenstände) dabei hat, wird die doch etwas umständliche Anfahrt mit dem Auto unter Benutzung einer Fähre in Anspruch nehmen. Für jede Route muss man vier Tage rechnen. Die Verbindung Cherbourg–Rosslare zum Beispiel ist zwar bequem, aber je nach Saison mit 400 bis 600 Euro (Hin- und Rückfahrt) zu veranschlagen. Hotelkosten, Sprit und Autobahngebühren kommen hinzu.

Immobilienpreise in Irland

Von entscheidender Bedeutung für die Standortbestimmung Ihres Domizils in Irland ist die Situation auf den regionalen Grundstücksmärkten. Dass Dublin infolge Wohnraumknappheit ein besonders teures Pflaster ist, wurde bereits erwähnt. Die Auswahl an interessanten Objekten auf dem Lande ist jedoch groß.

Studieren Sie den Immobilienmarkt in den *Poperty Papers*, das sind Teile lokaler Blätter, die gewöhnlich am Donnerstag erscheinen. Aber forschen Sie auch im Internet und last but not least natürlich vor Ort.

Vorab: Grundstücke, die mehr als 20.000 qm groß und landwirtschaftlich genutzt sind, dürfen nicht ohne weiteres an Ausländer verkauft werden. Stehen solche Flächen zum Verkauf, kann die staatliche Landkommission sie erwerben, in Parzellen aufteilen und diese an Farmer weiterverkaufen. Beschränkungen bei Objekten, die als Feriendomizil oder Alterssitz deklariert werden, gibt es hingegen nicht.

In den nördlichen und westlichen Regionen Irlands bewegen sich die Preise für ein älteres, aber bewohnbares Landhaus auf 2000 qm Grund um die 45.000 Euro. Je größer das Grundstück, desto günstiger der Quadratmeterpreis. Areale von 100.000 qm sind einschließlich Baurechten schon für 55.00 Euro zu finden.

Im Südwesten und im Südosten der Insel liegen die Preise bis zu 50 Prozent darüber, an den Küsten des irischen Südens zum Teil sogar bis zu 100 Prozent. In Dublin und seiner näheren Umgebung vervielfachen sich die Preise bis ins Astronomische.

Soviel vorab als Anhaltspunkt. Dass die Tendenz steigend ist, bedarf sicher keiner Hervorhebung.

Beim Studium der Inserate sowohl in der Presse als auch in den – meist verführerisch aufgemachten und mit vielen Farbbildern bestückten – Blättern der Grundstücksmakler (*estate agents*) werden Sie auf Begriffe stoßen, die Ihnen trotz guter Englischkenntnisse vielleicht nicht geläufig sind; aus diesem Grunde enthält dieses Buch ein englisch-deutsches Glossar, das Ihnen weiterhilft.

Der Grundstücksmarkt befindet sich, wie bereits angedeutet, zwar in konstanter Bewegung, doch zu Ihrer Orientierung seien nachfolgend ein paar konkrete Beispiele (Stand Jahresanfang 2002) genannt, die als preisliche Anhaltspunkte für eine Budgetplanung dienen mögen. Es ist eine Auswahl von mehr der weniger »normalen« und für Irland typischen Ob-

Ein altes Bauernhaus, ein wenig reparaturbedürftig: Hier ist es das gut 50.000 qm große Grundstück, das den Preis bestimmt.

SALE AGREED
MASON
estates
496 7955
www.masonestates.ie
9

jekten – ohne Märchenschlösser, die den Mittelpunkt eines kleinen Herzogtums bilden und Prinzen aus dem Morgenland vorbehalten bleiben sollen.

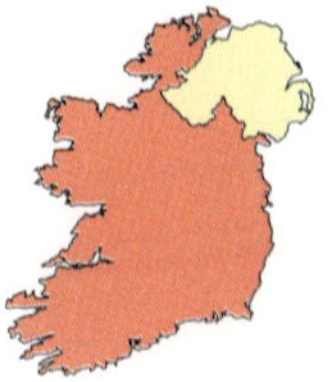

- **County Cavan:** Residenz aus dem späten 19. Jahrhundert, am Rand eines Dorfes auf 20.000 qm Grund gelegen, dreistöckig mit insgesamt 12 Zimmern und fünf Bädern, halb unterkellert, seit fünf Jahren unbewohnt. Nebengebäude und Pferdestall, Garten verwildert. 350.000 Euro Verhandlungsbasis.
- **County Clare:** Historische Hausruine aus dem 18. Jahrhundert an der Liscannor Bay auf 7000 qm Grund mit Blick aufs Meer; Aufbau nicht lohnend, aber Baugenehmigung für Einfamilienhaus auf dem Grundstück garantiert. Guter Boden, ideal für Hobbylandwirtschaft. 19 km bis zum nächsten Ort. 27.500 Euro Festpreis.
- **County Cork:** Ferienhaus in unmittelbarer Küstennähe im Bungalowstil, Fünf Zimmer, Küche, Bad, Terrasse, Abwasser-Kanalanschluss. 1600 qm Grund, flaches Land mit wenig Botanik. 20 Autominuten von Clonakilty. 120.000 Euro Verhandlungsbasis.
- **County Cork:** Solides Einfamilienhaus Bj. 1935 in der Nähe von Cork City, Sechs Zimmer, zwei Bäder, große Wohnküche, Nebenräume, zwei Garagen, 2000 qm Grund, schöner Garten. 300.000 Euro Verhandlungsbasis.
- **County Donegal:** Große Farm in der Nähe des Lough Anure, insgesamt 150.000 qm Grund; Wohngebäude intakt, acht Zimmer, große Wohnküche, ein Bad, Stallungen, Scheune, Garten. Die Bewirtschaftung des Anwesens wurde 1994 aufgegeben. 5 km bis zum nächsten Ort. In einem der Nebengebäude lebenslanges Wohnrecht für den Altbauern. 60.000 Euro Verhandlungsbasis.
- **County Galway:** Unbebautes Ufergrundstück am Lough Corrib, 6400 qm, landschaftlich sehr reizvoll gelegen, mit kleiner Bootshütte, unbefestigte Wegezufahrt, 15 km von der nächsten Ortschaft entfernt. Sehr fruchtbarer Boden. 30.000 Euro Festpreis.
- **County Kerry:** Seit 50 Jahren verfallenes Bauernhaus (Grund- und Innenmauern intakt, Dach defekt) in einem

Linke Seite:
Sale agreed: Die Tafel sagt aus, dass dieses Anwesen einen Käufer gefunden hat.

Seitental der Iveragh Mountains, auf ca. 1500 qm Grund, mit Nebengebäuden (Fragmente) und Einfriedung aus Naturstein; Wiederaufbau lohnend, prächtige Landschaftskulisse. Viel Arbeit für 25.000 Euro Verhandlungsbasis.

- **County Kildare:** Attraktives Zweifamilienhaus Baujahr 1998 auf 5500 qm Grund in der Nähe einer Kleinstadt, 35 km westlich von Dublin. Insgesamt zehn Zimmer, vier Bäder, Ölzentralheizung, zwei Garagen. Unverbaubarer Blick auf Hügellandschaft, eigene Wasserquelle. 248.000 Euro Festpreis.
- **County Kilkenny:** Einfamilienhaus mit großem Garten auf 4500 qm Grund. Fünf Zimmer, Wintergarten, zwei Bäder, Küche, Ölzentralheizung, eigene Quelle, Garage, Gepflegtes Anwesen in einer pittoresken Kleinstadt. Genehmigung für Anbau liegt vor. 150.000 Euro Festpreis.

Solch gepflegte Parkanlagen findet man in den östlichen Counties, wo auch die Grundstücksdimensionen größer sind.

- **County Leitrim:** 50.000 qm Bauland in abgelegener Hügellandschaft in der Nähe des Lough Belhavel; Baugenehmigung für zwei Einfamilienhäuser liegt vor. Gute Straßenanbindung. 80.000 Euro Verhandlungsbasis.
- **County Limerick:** 1938 erbautes Reihenhaus in ruhiger Stadtrandlage in Limerick, zweistöckig und unterkellert (Hobbyraum). Sechs Zimmer, zwei moderne Bäder, Elektroheizung. 165.000 Euro Festpreis.
- **County Limerick:** 60-qm-Apartment (zwei Zimmer, Küche, Bad) in einem jüngeren Mehrfamilienhaus in Nähe Shannon-Ufer, 8 km von Limerick in gepflegter Parklandschaft gelegen, viel Komfort. 93.000 Euro Festpreis.
- **County Mayo:** 5000 qm Baugrund in Dorfnähe, 900 m vor der Küste. Großartige Bergkulisse im Hinterland. Alter Baumbestand. 25.500 Euro Festpreis.
- **County Offaly:** Kleines Einfamilienhaus in freier Lage der Nähe von Tullamore, ruhig gelegen und mit weitem Blick; vier Zimmer, Terrasse, Bad, Küche, Versetzgrube, Gasheizung, 2000 qm Grund. 52.000 Euro Verhandlungsbasis.
- **County Roscomon:** Ehemalige Kapelle in der Nähe der Ortschaft Croghan, Restaurierungsobjekt auf 800 qm Grund, zu Wohnzwecken bedingt nutzbar, ohne Anschlüsse, aber mit herrlicher Aussicht, da auf einer Hügelkuppe gelegen. 12.000 Euro Verhandungsbasis.
- **County Wexford:** Kleines Country Cottage auf 1200 qm Grund in Dorfnähe, 100 m von der Straße abgelegen. Seit 20 Jahren leerstehend, renovierungsbedürftig. Drei Zimmer, Veranda, Küche, Bad, Versetzgrube. Durch das Grundstück fließt ein Bergbach. Verwilderter Garten, Baumbestand. 63.000 Euro Festpreis.
- **County Wicklow:** Zweifamilienhaus aus den 1970er-Jahren an der Küste mit Bootssteg, 10 km vor Arklow, zweistöckig, zehn Zimmer, vier Bäder, voll eingerichtet, Ölzentralheizung, zwei Garagen. Grundstück 4000 qm, 200 m Zufahrt von der Hauptstraße. Golfplatz in unmittelbarer Nähe. 475.000 Euro Verhandlungsbasis.

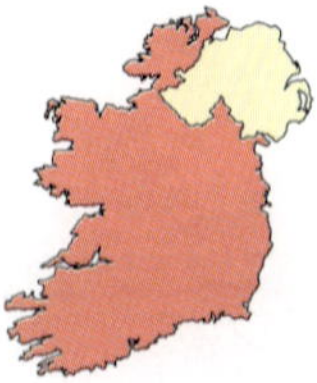

Die aufgeführten Objekte wurden teils von ortsansässigen Agenturen, teils durch Inserate in der Tagespresse wie be-

Die Einfriedung der Felder und Koppeln durch Steinmauern gehört zum Landschaftsbild Irlands.

schrieben angeboten. Berücksichtigen Sie, dass zu den genannten Preisbeispielen Steuern, Provisionen und Nebenkosten kommen, über die Sie eines der nachfolgenden Kapitel informiert.

Ein Refugium für den Single

Grundsatzfrage: Leben Sie als Single und möchten Sie Ihr Refugium in Irland als einen Ort für gelegentliche Robinsonaden nutzen? Wollen Sie hier herkommen, um das Alleinsein zu genießen, um nachzudenken, zu malen, zu schreiben, Golf zu spielen – einfach auszuspannen vom Trubel Ihrer Umwelt? Dann kommen Sie vermutlich mit relativ wenig Wohnfläche aus und brauchen kein großes Areal ringsum, dessen Pflege und

Erhaltung mit einigem Arbeitsaufwand verbunden ist. Ein Golfplatz und ein gemütliches Pub in der Nähe Ihrer Fluchtburg sind für Sie vermutlich wichtiger als ein elegantes Shopping Center.

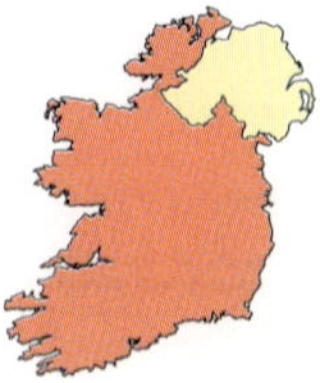

- **Musterfall Peter Lindberg:** Der Ingenieur Peter Lindberg (dieser und die nachfolgenden Namen sind frei erfunden, die Sachverhalte nicht) lebt in Darmstadt und war schon ein Dutzend Mal in Irland, ehe er sich entschloss, sich dort ein Feriendomizil zu kaufen. Als Golfspieler interessierte ihn natürlich die Nähe zu interessanten Plätzen, und in dieser Beziehung war die Auswahl groß. Um auch im Winter seinem geliebten Sport in seinem noch mehr geliebten Irland nachgehen zu können, kam für ihn nur der Süden in Frage, Waterford oder Wexford.

  Der Mann ging recht professionell vor: Er wandte sich an die Vereinigung der Golfclubs in Irland, ließ sich eine Liste aller Plätze (es sind mehr als 200, davon die Hälfte mit 18 Löchern) schicken und markierte auf der Landkarte einen Fleck, von dem es gleich weit – oder gleich nah – zu drei Plätzen ist. Dort verbrachte er seinen nächsten Jahresurlaub, um in einem halben Dutzend Ortschaften Immobilienmakler aufzusuchen. Zum Teil waren ihre Angebote identisch, einige davon viel zu teuer, andere reizlos. Das interessanteste Objekt war ein altes Steinhaus aus dem Jahre 1880, einst das Haus des Bürgermeisters einer kleinen Ortschaft in der Nähe von New Ross. Der seit vielen Jahren leerstehende Bau war grundsolide, nur von Grund auf zu renovieren, einschließlich aller Installationen. Bei einem Kaufpreis von weniger als umgerechnet 45.000 Euro lohnte die Investition in Höhe von weiteren 60.000 Euro. um den Bau topfit zu machen. Den Auftrag hierzu übertrug er einer darauf spezialisierten Firma in Waterford.

  Etwa sechs oder sieben Mal pro Jahr kommt Peter Lindberg hier her, um acht oder vierzehn Tage auszuspannen, Golf zu spielen oder mit Freunden auf Angeltouren zu gehen. Sein Haus umfasst sechs Räume; zwei davon sind Gästezimmer mit einem separaten Eingang, sodass gelegentliche »Einquartierungen« auch während der Abwesenheit des Hausherrn möglich sind.

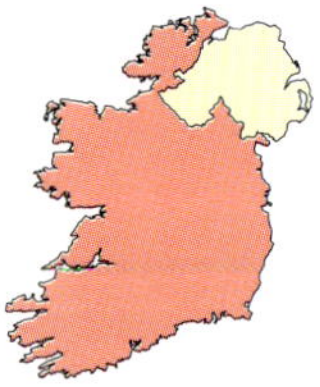

Gemeinsamer Ausstieg mit dem Partner

Wenn Sie sich für die Zweisamkeit mit dem Partner entscheiden, gelten andere Kriterien als die für Peter Lindberg. Vielleicht wollen Sie Ihr Domizil in Irland aber nicht nur mit einem Partner, sondern mit der mehrköpfigen Familie bewohnen? Dann ist möglichst viel Platz gefragt, denn man will sich – übrigens auch im Urlaub – mal aus dem Weg gehen können. Sie benötigen also mehrere Schlafzimmer, zwei Bäder, einen echten Kamin und eine größere Terrasse für gesellige Abende, ausreichend Gartenfläche zur Betätigung im Freien und Platz zum Werkeln und Arbeiten.

- **Musterfall Familie Wessling:** Er, Gärtner, 52 Jahre alt und seit zwei Jahrzehnten selbstständig, sie Hausfrau und Mutter (zwei noch schulpflichtige Kinder) und wie ihr Mann in handwerklichen Dingen nicht unbegabt. Den Gartenbau daheim aufzugeben, zwang ein Autobahn-Bauprojekt quer übers Grundstück, das den Wesslings eine Abfindung von immerhin zwei Millionen Mark beschert hatte. Mit diesem Geld einen Neuanfang zu starten, schien daheim gut möglich – noch besser aber in Irland.
  Konrad Wessling ließ sich über die Möglichkeiten, in Irland einen Gartenbaubetrieb aufzuziehen, eingehend beraten. Nicht nur in Bezug auf die Klima- und Landschaftsverhältnisse, sondern auch auf die Lebensumstände. Er kaufte ein zwei Hektar großes Grundstück in einem geschützten Tal mit bestem Boden im County Leitrim, pflanzte Gemüsesorten aller Art an und arbeitete sich im Lauf von fünf Jahren zum Lieferanten einer Tiefkühlkette und mehrerer großer Restaurants empor. Nach niederländischem Muster errichtete er schließlich sechs (sturmfeste) Treibhäuser von gut 100 Meter Länge, klimatisierte sie und ist somit von Wetterlaunen so gut wie unabhängig.
  Nur eins haben die Wesslings bisher nicht geschafft: Sich das Haus Ihrer Vorstellung zu bauen. Zuerst wohnten sie in einem Caravan, den ihnen ein Nachbar im Tausch gegen eine aus Deutschland mitgebrachten Tiefkühltruhe vermacht hatte. Dann entschieden sie sich für ein weiteres Provisori-

Für den Urlauber Seefahrer-Romantik, für die Fischer beschwerlicher Alltag...

um, das eine Dauerlösung zu werden droht: Sie erwarben ein großes amerikanisches Mobilheim, komplett mit Bad und Küche ausgestattet, mit Satellitenfernsehen und Hundehütte. Ein aus den USA zurückgekehrter Auswanderer hatte das Haus auf Rädern im »Gepäck« und es ihnen weiterverkauft, nachdem er in einen pastellfarbenen Fertigbungalow gezogen war. »Das wäre das Letzte, wofür wir uns entscheiden würden. Aber von morgens um fünf bis abends um zehn wird gearbeitet«, sagt Frau Wessling. »Wann sollten wir uns da ein Haus bauen, es hübsch einrichten und darin auch noch wohnen?« Sie bewältigen die Arbeit in ihrem Betrieb ohne Hilfskräfte; ihre Abnehmer holen die Ware fast täglich per Lastwagen ab. »Es ist eine harte Plackerei. Aber sie lohnt sich, wir können alle Erlöse in unseren Betrieb stecken und ihn ausbauen. Und außerdem haben wir ja das Glück, am schönsten Fleck der Welt zu leben.«

Domizil auf Zeit

Nicht jeder Irland-Fan möchte sich gleich festlegen und sich »lebenslänglich« dem Inseldasein verschreiben. Erst einmal schnuppern – vor allem aber versuchen, dort einen Job zu finden. Vor allem jüngere Leute tendieren hierzu. Aber auch sie stehen vor der Frage: Werde ich mich einleben, wie sind die Verdienstmöglichkeiten, wo komme ich unter, geht die Rechnung unter dem Strich wirklich auf – oder ist das Leben im Exil nur als unwägbares Abenteuer zu verstehen?

- **Musterfall Jochen Tillschneider:** Jochen Tillschneider ist ausgebildeter Zahntechniker und stand vor der Aufgabe, sich seinen künftigen Arbeitsplatz zu suchen. Mit besten Zeugnissen hatte er überall Chancen, sich erfolgreich zu bewerben. Seine Wahl viel auf Irland. Und nicht nur, weil seine Freundin dort ebenfalls seit einiger Zeit tätig war – im gleichen Fach. Jochen hatte erfahren, dass man in Irland

Das will gelernt sein: Setzen einer Mauer aus Natursteinen. Wer's nicht kann, sucht sich Talente in der Nachbarschaft.

dringend Fachleute wie ihn suchte und auch gut bezahlte. Er fand sehr schnell eine Anstellung in einem Zahnlabor in Tipperary. Sein Chef kommt aus der Schweiz; er lebt bereits seit 15 Jahren in Irland.

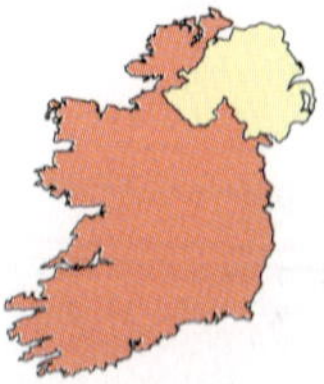

Aber eine Unterkunft konnte man ihm nicht vermitteln. Jochen lebte vier Wochen lang in einer Bed-and-Breakfast-Pension, ehe er durch ein Inserat in der Wochenendpresse endlich ein kleines Apartment fand, das nicht nur in unmittelbarer Nähe des Labors lag, sondern dessen Mietpreis erschwinglich war. Eine Monatsmiete von 450 bis 650 Euro für maximal 40 qm ist hier eigentlich die Norm, aber Jochen zahlt weniger als 300 – ein Glücksfall. Und da er sich sein Domizil mit seiner Freundin teilt, kommen beide mit ihrem Verdienst sehr gut zurecht.

»Die Miete ist nicht der teuerste Posten in unserem Budget«, sagt Jochen. »Wir kommen abends meist recht spät von der Arbeit nach Hause und haben dann keine Lust mehr, zu kochen. Als gehen wir ins Pub und essen dort. Das kostet auf Dauer ein Vermögen. Auch andere Ausgaben schlagen hier höher zu Buch als in Deutschland, Kino zum Beispiel. Nur Telefonieren ist bedeutend preiswerter.«

Kreativ im alten Lotsenhaus

Es muss nicht immer das klassische Farmhaus auf dem Lande sein oder ein historisches Manor mit Blick auf den Shannon. Wer den Mut hat, unkonventionelle Wege zu gehen und sich vor handwerklichen Arbeiten nicht scheut, findet in Irland ungewöhnliche Objekte, die geradezu darauf warten, entdeckt zu werden.

- **Musterfall Christian Ackerbohm:** Wer nicht gerade zwei linke Hände hat, findet auf der Insel Irland genügend Gelegenheit, dies unter Beweis zu stellen, Eberhard Ackerbohm, 44, geschieden, liebt die Küste und das Meer. Er ist eine Typ, der Herausforderungen annimmt und sich daran auch gern die Zähne ausbeißt, wenn's denn sein muss.
  Eine solche Herausforderung fand Ackerbohm bei einem seiner Streifzüge durch Irlands nordwestliche Regionen, wo

In solcher Landschaft kann man ins Träumen kommen. Hier fangen sich viele Freunde der Grünen Insel ihren Bazillus ein.

es manchmal recht rau hergeht. Es war die Ruine einer Lotsenstation, gut 150 Jahre alt, die er vor zehn Jahren für weniger als umgerechnet 10.000 Euro samt 1200 qm Grund erwarb. Er, der Schriftsteller und Übersetzer wissenschaftlicher Werke – ein Baumeister, der sich an die Restaurierung eine Ruine wagen sollte?

Ursprünglich hatte es hier unten am Fuß eines Fischerdorfes unweit der Stadt Donegal auch einen Leuchtturm gegeben. Von dem war noch weniger übrig geblieben als vom Lotsenhaus. Die Stürme der Zeit nagen hier schneller an der Bausubstanz als anderswo.

Das Projekt nahm Gestalt an. Ackerbohm konnte es einrichten, sich jeweils für sechs Monate an den Ort seiner neuen Wahlheimat zu begeben. Nur selten half ihm jemand bei der Arbeit, etwa beim Bau eines neuen Dachstuhls. »Alles andere habe ich selbst gemacht. Ich lernte mauern und tischlern, Fliesen legen und elektrische Leitungen installieren. Ich kann jetzt Türen einsetzen und einen Estrich ziehen.« Im Garten hinter dem Haus wachsen Kartoffeln, Gurken, Kohl, Radieschen, Erdbeeren und Himbeeren. Inzwischen lebt Christian Ackerbohm permanent in Irland. Schließlich sind seine Einkünfte aus schriftstellerischer Arbeit hier steuerfrei. »Als ich das erfahren hatte, gab es für mich einen Grund mehr, hier an der Donegal Bay sesshaft zu werden. Was ich mir zuerst als Ferienhaus aufbauen wollte, wurde vor drei Jahren mein fester Wohnsitz.«

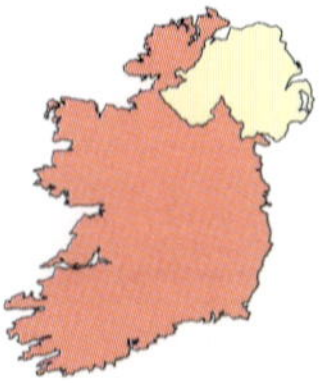

Paradies für Pferdenarren

Oft ist es eine ganz bestimmte »Marotte«, die den Ausschlag gibt, in Irland ansässig zu werden. Auf der grünen Insel wird bekanntlich leidenschaftlich Golf gespielt und eine hochkultivierte Form der Gartenkultur betrieben. Hunde- und Pferdezucht, Jagen, Segeln und Forellenfischen stehen ebenfalls ganz weit oben auf der Skala der Beliebtheit. Falls Sie zu denen gehören, die es sich erlauben können, einer solchen Leiden-

Pferdezüchter-Paradies am Lough Arrow.

schaft nicht nur intensiv zu frönen, sondern den Inhalt Ihres Daseins dieser Passion anzupassen, dann ist Irland wie kein anderes Land für Sie geeignet, ein solches Leben zu genießen.

- **Musterfall Jakob Öhlert:** Der passionierte Reiter Jakob Öhlert hatte auf dem Kontinent lange nach einem passenden Areal gesucht, das sich nicht nur für die Aufzucht edler Pferde eignete, sondern zugleich von besonderem landschaftlichen Reiz sein sollte. Und das Grundstück musste bezahlbar sein. Das, was Öhlert vorschwebte, fand er eines Tages schließlich ganz woanders, nämlich in Irland – er war dem Tipp eines Bekannten aus Stuttgart gefolgt, der sich hier schon vor Jahrzehnten als Züchter von Jagdfalken und anderen seltenen Vögeln niedergelassen hatte.
  Die Pferdefarm, die Öhlert in der Nähe von Ashford Castle aufbaute, avancierte zu einem Zuchtbetrieb erster Ordnung. Innerhalb von acht Jahren hatten sich die Investitionen nicht nur amortisiert, sondern warfen so gute Erträge ab, dass der Unternehmer sich ein weiteres Grundstück dazu kaufen und darauf ein Haus nach seinen Vorstellungen bauen konnte. »Sehr wichtig war für mich, begeisterungsfähige Mitarbeiter zu finden, die mit Pferden richtig umgehen können. Bald hatte ich herausgefunden, dass die Iren wahre *horsemen* sind. Ich beschäftige sieben Leute, durchwegs Einheimische aus der Region. Pferde sind ihre Leidenschaft, mindestens in gleichem Maße wie meine. Auch im Pub sprechen wir am Samstagabend über nichts anderes als *horse breeding*, das ist uns wichtiger als die Themen Fußball, Frauen oder Formel Eins.«

Wenn eines Tages das Heimweh kommt

Bei aller Liebe zu Irland und der Ernsthaftigkeit Ihres Vorhabens, sich in diesem schönen Land anzusiedeln, sollten Sie den Gedanken, dass Sie nach einem längeren Aufenthalt im Ausland so etwas wie Heimweh verspüren könnten, nicht ganz ignorieren. Bei jüngeren Menschen sicher kein vordergründiges Thema, doch die Älteren können sich nicht immer davon frei machen, dass derlei Gefühle sie ab und zu überkommen. In der

Erinnerung eines älteren Menschen verklären sich nämlich Dinge, die er vor zwei, drei Jahrzehnten noch heftig kritisierte. Und man sehnt sich immer inniger nach einem Wiedersehen mit alten Freunden, denen man eine Ewigkeit nicht mehr begegnet ist, nach dem Umfeld der jungen Jahre, nach Spaziergängen durch vertraute Gegenden, nach Gerichten, deren Duft man aus den Kindertagen in guter Erinnerung hat ... Und dann stellt sich die Frage: Good bye, Irland, für ein Weilchen zumindest – oder für den Rest meines Lebens?

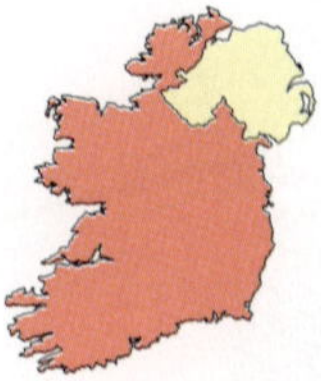

Es könnte also ganz vernünftig sein, nicht sämtliche Zelte zu Hause abzubrechen. Auslandserfahrene raten, einen Wohnsitz – ganz gleich, ob erster oder zweiter – im Heimatland beizubehalten. Nicht zuletzt ist dies auch eine steuerliche Frage, die mit einem Fachmann erörtert werden sollte.

5. Erwerb von Grund und Boden

Sie sind möglicherweise enttäuscht, wenn Sie zum ersten Mal jenes »Traumhaus« erblicken, das man Ihnen verkaufen will. Das romantische Cottage, wie Sie es sich vorgestellt haben, ist nicht mehr als eine Ruine. Lohnt sich die Investition dennoch?

Noch zu retten? Solche Ruinen sind reizvoll, aber ihr Ausbau bedingt hohe Investitionen.

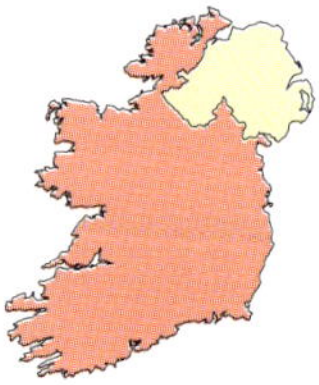

Grund und Boden gibt es im dünn besiedelten Irland genug, um fündig zu werden. Wer auf der Grünen Insel *property* erwerben möchte, hat eine große Auswahl, zugleich aber wird der Suchende über kurz oder lang feststellen, dass gerade dort, wo es ihm am besten gefällt, entweder die Grundstückspreise sehr hoch sind oder andere Handicaps seine Wünschen entgegenstehen.

Ist Ihr Aufenthalt in Irland nur für einen begrenzten Zeitraum (Arbeitsaufnahme, Studium) geplant, müssen Sie sich nicht mit all dem abplagen, womit sich der künftige Grundbesitzer zu beschäftigen hat. Zwar ist auch das Suchen und Finden eines Mietobjekts ein Geduldsspiel, das sich über Wochen und Monate erstrecken kann (mehr darüber in einem der nachfolgenden Kapitel), aber es entfällt für Sie der große Komplex weitgreifender Entscheidungen, die nun einmal mit Immobilienerwerb verbunden sind.

Gehen wir also davon aus, Sie suchen ein Baugrundstück oder ein Haus, um es zu erwerben. In Irland ist es ein besonders zeitaufwändiges Abenteuer, selbst auf Erkundungsreise zu gehen, sich durchzufragen und – vielleicht – fündig zu werden.

Der Immobilienmarkt ist in Irland kräftig in Bewegung – nicht erst seit gestern!

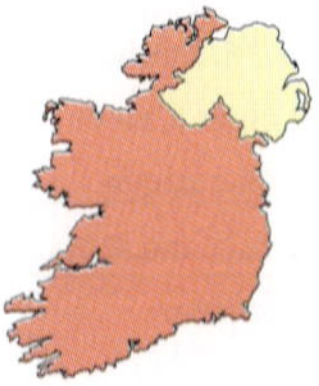

Aber die Methode kann zum Erfolg führen. An der Einfassungsmauer selbst von Anwesen an kleinsten Nebenstraßen entdeckt man gelegentlich handgemalte Schilder, auf denen *»Cottage for sale«* oder *»To let«* und eine Telefonnummer stehen. Wer in Zeitnot ist (in Irland ohnedies ein Unding – hier braucht man für alles Geduld!), sollte sich solche Explorationen und Querfeldeinfahrten ins Ungewisse jedoch sparen und lieber von vornherein einen Makler beauftragen.

Mit ungelenker Hand angefertigte For-Sale-Schilder sind seltener zu sehen als jene dekorativen, professionell gemachten Hinweistafeln an Häusern oder in deren Vorgärten, die Ihnen auf Ihren Streifzügen durch Irland gewiss schon aufgefallen sind und auf einen gewünschten Verkauf des Objekts – ein Gehöft, ein Bungalow, ein altes Herrenhaus, ein Baugrundstück – unter Angabe des *Estate Agent* hinweisen. So manches interessante Objekt befindet sich (zum Glück) jedoch nicht in unmittelbarer Nähe einer Durchgangsstraße.

Angebote, die Sie von privater Seite oder von einem *Real Estate Agent* erhalten, veranlassen Sie als Kaufinteressenten wohl zunächst einmal, sich überhaupt näher mit dem Objekt zu befassen. Sie vereinbaren einen Besichtigungstermin – und sind möglicherweise enttäuscht, wenn Sie Ihr *»dream house«* zum ersten Mal erblicken. Das alte Cottage, von dem Sie geträumt haben, ist nicht viel mehr als eine Ruine ...

Dem von Ihnen beauftragten Makler müssen Sie Vertrauen entgegenbringen. Und Sie sollten ihm ganz genau beschreiben, was Sie im Sinn haben. Nur so wird eine Zusammenarbeit auch zum Erfolg führen.

Begeisterungsfähigkeit gehört schon dazu, sich auf ein »Ruinenprojekt« einzulassen, aber auch Objektivität und Realitätssinn. Wenn ein Fachmann nach sorgfältiger Prüfung aller Fakten abrät, sich auf Unwägbarkeiten einzulassen, die nicht zuletzt hohe finanzielle Risiken bergen, sollte man auf ihn hören und nicht einer Vorstellung nachjagen, die sich nicht verwirklichen lässt. Also heißt es: weitersuchen.

Machen Sie Fotos, markieren Sie die Orte auf einer Karte. Auf Ihr Erinnerungsvermögen allein können Sie nicht bauen, nachdem Sie ein Dutzend Objekte besichtigt haben. Jede vor Ort spontan festgehaltene Notiz ist später nützlich.

Eine Hausruine aus dem 18. Jahrhundert mit einer kleinen Modeboutique davor. Irland lebt von solchen Kontrasten!

ABC der Fachausdrücke

Wenn Sie sich ein Bild von den Angeboten auf dem Immobilienmarkt in Irland machen wollen, hilft Ihnen die Lektüre einschlägiger Anzeigen in der Fachpresse oder in den Broschüren diverser Maklervereinigungen weiter. Doch was in den in Englisch abgefassten Objektbeschreibungen, in den Inseraten einer Zeitung oder im Offertenblatt eines Maklers steht, ist für Sie vermutlich nur zum Teil verständlich. Sie sind auf einen Dolmetscher angewiesen, sofern Sie (noch) nicht über sehr gute Englischkenntnisse verfügen. Hier aber zunächst einige nützliche Hinweise.

Meistens ist in den telegrammstilartig abgefassten Objektbeschreibungen nur die Zahl der Räume angegeben, nicht aber die Wohnfläche in Quadratmetern. Eine exakte Flächenangabe ist nicht üblich. Nur die spezifizierte Einzelofferte, die Sie beim Makler erhalten, geht in solche Details und beschreibt jeden Raum einschließlich Küche, Badezimmer, Flure, Balkons Terrassen und Abstellkammern in seinen Dimensionen (üblicherweise noch immer in Fuß und Zoll mit metrischen Maßen in Klammern), in Beschaffenheit und Ausstattung.

Nachfolgend einige Vokabeln, die zu dieser Thematik gehören und die Sie vorab schon einmal auswendig lernen können:

ABC der Fachausdrücke, Teil 1

APR (annual percentage rate)	effektiver Jahreszins
boundaries	Grundstücksgrenzen
CH (central heating)	Zentralheizung
chartered surveyor	vereidigter Gutachter
commission	Provision
conservatory	Wintergarten
contract of sale	Kaufvertrag
contractor	Bauunternehmer
conveyance	Immobilien-Transfer
conveyancer	Notar für Grundstücksangelegenheiten
cottage	kleines Bauernhaus
deed	Besitzurkunde
deposit	Anzahlung
detached	freistehend
DG (double glazing)	Doppelverglasung
drive	Auffahrt (zur Garage)
equity	dingbare Sicherheit an einer Immobilie
equity loan	zweite Hypothek, abgesichert durch den nicht belasteten Anteil an einer Immobilie
estate	Grundstück oder Siedlung
estate agent	Immobilienmakler
estimate	Schätzung
floor area	Wohnfläche
freehold	frei verfügbarer Grundbesitz
furnished *accomodation*	möblierte Wohnung
haulage service	Umzugsdienst, Spediteur
land certificate	Grundbuchauszug
land registry	Grundbuchamt
landlord	Hauseigentümer
lease lender	Verpächter
leasehold	Besitzrecht an einer Immobilie ohne das Grundstück, auf dem sie steht
lessee	Pächter (eines Leasehold-Objekts)
Lessor	Besitzer eines Pachtgrundes
to let	vermieten
lettings	Mietwohnungen
link-detached	Reihenhaus, das mit dem nächsten nicht Wand an Wand, sondern durch einen kleineren Anbau (z. B. Garage) verbunden ist
listed	unter Denkmalschutz
loan	Darlehen
local council	Gemeindeverwaltung
loft	nicht durch Wände unterteilte Etagenfläche
main home	Hauptwohnsitz
mains	elektrischer Hauptanschluss

ABC der Fachausdrücke, Teil 2

manor	Herrenhaus
mansion	Villa, großes Mietshaus
mortgage	Hypothek
mortgage broker	Hypothekenvermittler
to move	umziehen
negotiable	verhandelbar
pcm (per calender month)	pro Kalendermonat (Miete, Raten)
Planning Office	Planungsbehörde
poa (price on application)	Preis auf Anfrage
power of attorny	einem Anwalt erteilte Handlungsvollmacht
property	Besitz
real estate agent	Grundstücksmakler
refuse collection	Müllabfuhr
relocation service agency	Immobilienagentur, die im Auftrag eines Käufers handelt
rural	ländlich
second home	Zweitwohnsitz
semi-detached house	Doppelhaushälfte
stamp duty	Stempelgebühr (= Grunderwerbssteuer)
remedial works	Instandsetzungsarbeiten
to rent out	vermieten
roofing	Dachdeckung
tenancy agreement (contract)	Mietvertrag
tenant	Mieter
terraced house	Reihenhaus
thatched roof	reetgedecktes Dach
threshold	Türschwelle
title	ausgewiesener Besitzanspruch
utility room	Hobbyraum
valuation	Bewertung, Marktwertermittlung
vendor	Verkäufer

Suche auf eigene Faust

Welche sorgfältige Planung – oder welcher blanke Zufall – Sie auch immer in jene Gegend geführt haben, die Ihrer Ansicht nach weitgehend jene Voraussetzungen erfüllt, auf die es Ihnen ankommt: Die Suche nach einem geeigneten Objekt ohne vorherige Beratung entwickelt sich wie eingangs bereits angedeutet, zu einem spannenden Abenteuer, zu dem Sie viel Zeit veranschlagen sollten, zumal die Reisegeschwindigkeiten auf irischen Landstraßen abseits der großen Verkehrswege im

Schnitt bei maximal 50 km/h liegen.

Es gibt mehrere Möglichkeiten der Vorgehensweise, wenn Sie auf den Service eines Real Estate Agent verzichten wollen – wobei es zunächst dahingestellt bleiben soll, ob dies in jedem Fall klug ist oder nicht.

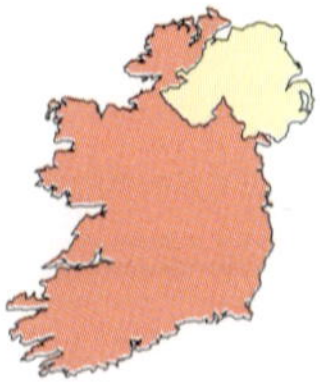

Treten Sie Ihre Explorationsreise(n) nach Möglichkeit nicht gerade während der landesüblichen Urlaubszeit (Juni und August) an. Vermeiden Sie auch, Ihre vermeintliche Traumgegend mit dem Auto an einem Freitag zwischen 15 und 19 Uhr anzusteuern, wenn die Pendler aufs Land heimkehren und die Dubliner ins Wochenende fahren. Planen Sie Ihre Erkundungsfahrten antizyklisch zur Verkehrsfrequenz, und Sie haben sehr viel mehr vom Landschaftserlebnis, das Sie (und Ihre mitfahrende Familie) ja positiv einstimmen soll.

Das Aufsuchen abgelegener Plätze bedingt gutes regionalspezifisches Kartenmaterial, möglichst im Maßstab 1:100.000, 200.000 oder maximal 250.000. Ohne Karten im großen

Manche der kleinen Einzelhandelsgeschäfte sind zugleich News Agent und Postagentur.

Maßstab könnte es ein, dass Sie sich hoffnungslos verfahren, denn die Beschilderung ist abseits der National- und Regionalstraßen (mit einem N bzw. einem R vor der Zahl) sehr mangelhaft. Es kann Ihnen passieren, dass Sie auf einem *cattle grid* (aus Rollen bestehende Gatter im Boden, das Tiere am Überqueren hindern soll) landen und ein Stück danach auf dem Hof einer Form – Sackgasse! Das Dorf, das Sie anzusteuern glaubten, liegt exakt hinter dem nächsten Hügel. Und vielleicht würden Sie es auch gar nicht als Dorf erkennen, denn die Ansiedlung besteht nur aus vier, fünf Cottages und einem Verkehrsschild, auf dem *SLOW!* steht. Kein Mensch zu sehen, den man fragen könnte. Und selbst wenn ein braver Bauersmann gerade seine Kuh aus dem Stall treibt, wäre es fraglich, ob er a) Ihre Frage versteht, b) sie zu beantworten geneigt ist und c) Sie seine Auskunft überhaupt verstehen würden.

Nur wenige Straßen im Süden Irlands führen direkt an der Küste entlang wie hier im County Waterford.

Manche Objekte liegen an Zufahrtswegen, die Sie als solche gar nicht zu erkennen vermögen. Es sind Traktor- oder Landroverspuren, die rechtwinklig zwischen haushohen Hecken von einer kleinen Nebenstraße abzweigen, vielleicht seit langer Zeit nicht mehr benützt und durch ein paar Eisenstangen blockiert. Reizvolle Lokalitäten, die sich hinter solchen Zufahrten verstecken, werden Sie, wenn Sie auf eigene Faust unterwegs sind, deshalb gar nicht oder nur zufällig entdecken – oder um sie ein paar Mal weitläufig herumfahren, bis sie abends erschöpft an Ihrer B&B-Herberge eintreffen und dort den wohlgemeinten Rat annehmen, die Tour am nächsten Tag mit einem Einheimischen zu wiederholen. Der trifft natürlich eine Stunde später als verabredet ein und möchte erst einmal eine Tasse Tee trinken, bevor er zugibt, die Gegend auch nicht besonders gut zu kennen, der Sie dafür aber zu einem weite-

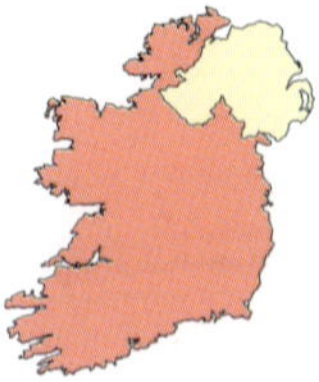

Metzgerei in Arklow. Pittoresk sind selbst die kleinsten Läden im Dorf.

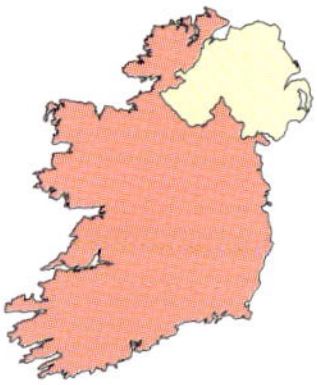

ren Freund bringt, der angeblich besser Bescheid weiß. Leider hat der gute Mann aber erst übermorgen Zeit, sich Ihrem Ansinnen zu widmen, weil zunächst – ganz dringend – ein Zaun repariert werden muss ... Bei Ihrem erneuten Besuch treffen Sie beide Männer in der Küche beim Teetrinken an, und jetzt wissen die Gentlemen ganz genau, wohin man Sie führen muss. Wäre da nicht der verdammte Zaun, der noch immer nicht geflickt ist ... Das Problem lässt sich aber lösen: Sie spendieren Ihren *guides* 20 Euro, auf dass damit der Nachbarsbub mit der Reparatur des Zaunes herangezogen werden kann. Garantiert kommen Sie innerhalb kürzester Zeit zu Ihrem Ziel und auch sicher zurück, denn die Herren erwarten schließlich noch eine kleine Einladung ins Pub. Dass es weder einen defekten Zaun gab noch einen Jungen in der Nachbarschaft, der sich mit dessen Reparatur sein Taschengeld aufbessern konnte, haben Sie von Anfang an gewusst – oder?

Wunsch und Wirklichkeit

Der klassische Fall: Sie haben sich während Ihres Urlaubs in eine idyllische Gegend verliebt, die Sie in Ihrem Wunsch, sich in Irland anzusiedeln, endgültig bestärkt. Ein Jahr später kehren Sie dorthin zurück und möchten sich nach einem Grundstück mit einem Haus umschauen.

Wenn in ländlicher, etwas abgeschiedener Gegend ein Anwesen zum Verkauf steht, ist dies kaum je die ausschließliche Privatangelegenheit des oder der Besitzer – die Nachbarschaft weiß davon. Also fragen Sie ruhig jemanden, dem Sie begegnen – dort, wo Sie bereits im Urlaub gewohnt haben, oder den Mann, der jeden Morgen mit dem grünen Citroën Berlingo unterwegs ist und die Post austrägt. Sie werden sehr bald merken, wie gern oder vielleicht auch ungern man auf Ihre Fragen eingeht, und Sie sollten daraus schließen, ob ein Insistieren sinnvoll ist oder nicht. Gesprächigkeit muss übrigens nicht gleichbedeutend sein mit der Übermittlung nützlicher Informationen ...

Prüfen, fragen, überlegen: 20 wichtige Aspekte

Weil die anstehenden, von Ihnen zu treffenden Entscheidungen von einiger Tragweite sind, steht die Beantwortung wichtiger Grundsatzfragen an erster Stelle Ihres Programms.

Auf die Gesprächspartner zuzugehen und Fragen zu stellen, setzt jedoch gute englische Sprachkenntnisse voraus – und die Gabe, zuhören zu können. Manchmal sind es scheinbar unwichtige Nebensätze, die einen bestimmten Sachverhalt erkennen lassen.

1. Kommt das Objekt bezüglich Lage, Zustand und Charakter meinem Wunschbild nahe?
2. Welchen Umfang hat die Liegenschaft insgesamt, was gehört alles dazu?
3. Entspricht die Größe des Gebäudes oder der Gebäude meinen Vorstellungen?
4. Aus welcher Zeit stammen die Baulichkeiten?
5. Ist das Anwesen noch bewohnt bzw. bewirtschaftet, wird es bei der Übernahme frei?
6. Steht das Anwesen leer – und wie lange schon?
7. Wer ist der Eigentümer des Objekts?
8. Welche Preisvorstellungen wurden genannt?
9. Welche Zahlungsmodalitäten lassen sich aushandeln?
10. Liegen Lasten auf der Immobilie?
11. Gibt es Auflagen oder Nießbrauchrechte Dritter?
12. Wie ist die bauliche Substanz beschaffen?
13. Welche Instandsetzungsarbeiten sind notwendig?
14. Gibt es einen Architekten und Handwerker im Ort oder in der Nachbarschaft?
15. Wie steht es um die Wasser-, Gas- und Stromversorgung?
16. Wie sind die Zufahrtswege?
17. Haben sich schon andere Interessenten das Objekt angesehen?
18. Wie ist die regionale Infrastruktur: Verkehrsanbindung, Einkaufsmöglichkeiten, Gastronomie, Ärzte, Apotheke usw?
19. Wie stehen die Chancen für einen Wiederverkauf?
20. Gibt es Lärm- oder andere Störfaktoren, die Ihnen den Aufenthalt verleiden könnten?

Mauern und Hecken gehören überall auf der Insel zum Landschaftsbild.

Dieser Fragenkatalog, auf dem nachfolgend detailliert eingegangen wird, stellt eine komprimierte Zusammenfassung dar, sozusagen zum Abhaken vor Ort. Für Ihre Entscheidung, in Irland eine Immobilie zu erwerben, sind die Fragen von ausschlaggebender Bedeutung. Wenn es Ihnen auch noch auf andere Kriterien ankommt, sollten Sie diese in einer zusätzlichen Liste zusammenstellen.

Noch ein Tipp, der sich bei Ihrem Vorhaben als recht nützlich erweisen könnte. Ihn zu nutzen, setzt indes Internetanschluss und gute englische Sprachkenntnisse voraus. Er betrifft die Website *www.myhome.ie* – dort finden Sie unter Dutzenden von vorgegebenen Suchworten Auskunft zu allen Fragen, die mit der Domizilsuche in Irland auftauchen können, seien es Anschriften von Umzugsfirmen, Architekten oder Maklern, Hinweise zum Hausbau und zur Gartenpflege, zu Steuer- oder Finanzierungsfragen bis hin zu Ergebnissen von Grundstücksversteigerungen.

1. Lage, Zustand, Charakter der Liegenschaft. Liebe auf den ersten Blick?! Ganz gleich, ob es sich um ein idyllisches Grundstück mit Seeblick, um ein einsames *cottage* (kleines Bauernhaus), eine ehemalige Wassermühle, ein attraktives Stadthaus oder eine Eigentumswohnung in einem klassischen *manor* (Herrschaftsvilla) handelt: Sie sind mit bestimmten Vorstellungen in diese Gegend gekommen und sollten sich nicht durch vordergründige Reizfaktoren zu einem spontanen Umwerfen all Ihrer mit Sorgfalt angestellten Überlegungen verleiten lassen, nur weil die Leute, die Sie gestern Abend kennen gelernt haben, so liebenswürdig zu Ihnen waren.

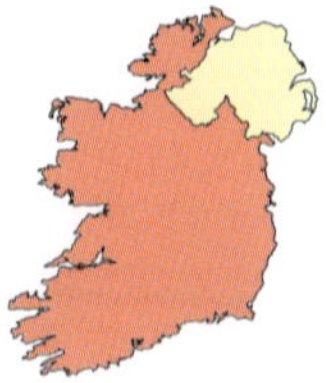

Erfüllen also die Lage – ganz einsam, in Ortschaftsnähe, im unmittelbaren Stadtbereich, an der Küste, an einem Hang, in einem Tal, in Waldnähe – und der Charakter des Objekts die von Ihnen gewünschten Voraussetzungen?

Handelt es sich um ein vor Jahren verlassenes Cottage, das einer völligen Wiederherstellung bzw. eines Umbaus bedarf, oder ist das, was Sie vorfinden, ohne großen Aufwand habitabel? Hat es Stil, Ausstrahlung, eine besondere Note?

Von wesentlicher Bedeutung ist es, ob die Immobilie als *freehold* oder als *leasehold* angeboten wird. Ersteres bedeutet, dass mit dem Erwerb auch alle Rechte am Grundstück auf den Käufer übergehen. Bei einem *leasehold* erwerben Sie lediglich die Bausubstanz; Grund und Boden gibt Ihnen der *lease lender* nur in Erbpacht. Mehr darüber im nachfolgenden Kapitel über Grundstücksrecht.

Vorsicht bei einem *off plan property*. Hierunter versteht man in Irland einen unvollendeten Neubau, bei dem eventuell auch die Straßenzuführung oder die Versorgungsanschlüsse noch nicht vorhanden sind. Der zuständige Bauträger (Bonität durch die Bank prüfen lassen!) oder Architekt sollte einen Zeitplan der Fertigstellung aller Arbeiten vorlegen können, und nur nach diesem werden dann Raten der Bezahlung festgelegt.

2. Umfang der Liegenschaft. Manches Grundstück in Irland ist nur gerade so groß wie das Haus, das auf ihm steht. Das muss aber nicht von Nachteil sein, wenn es ein Objekt in einer Ortschaft ist. Allerdings benötigen Sie wohl einen Autostellplatz. Zuweilen wird in Immobilienanzeigen darauf hingewiesen,

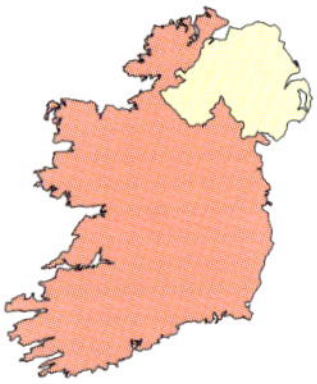

dass es Parkmöglichkeiten ohne Einschränkung auf der Straße gibt, falls kein Abstellplatz fürs Auto zur Verfügung steht. Nur sind die Straßen selbst in Dörfern tagsüber dicht zugeparkt: Irland steckt in einem Autoboom! Und Einzel- oder gar Doppelgaragen gehören in Irland noch keineswegs zum Standard eines Einfamilienhauses.

Außerhalb von Ortschaftslagen kann die zum Objekt gehörende Fläche von 250 Quadratmeter bis zu mehreren Dutzend Hektar betragen. Meist werden Grundstücke mit dem Flächenmaß *acre* angegeben (entspricht unserem altpreußischen Morgen = 4046,8 qm). Ausgedehnte Grundstücke können eine lohnende Investition darstellen, aber abgesehen vom daraus resultierenden Kaufpreis erhebt sich die Frage nach der sinnvollen Nutzung bzw. Bewirtschaftung größerer Grundstücksflächen. Denn ob man Ihnen jetzt oder später das Errichten weiterer Häuser außer dem Ihren auf dem Grundstück erlaubt, etwa zum Weiterverkauf oder zur Vermietung an Feriengäste, ist fraglich. Die irischen *Planning Authorities* sind da manchmal etwas kleinlich.

Ganz entscheidend aber ist die Frage: Stimmt die Größe des Ihnen angebotenen Grundstücks mit den Angaben überein, die in den Katastern eingetragen sind? Was wirklich zum Umfang des Grundstücks zählt, weist einzig der Grundbuchauszug (*land certificate*) aus, nicht die großzügige Geste des Verkäufers, dessen Arm einen riesigen Halbkreis und damit ein wunderschönes Stück Landschaft beschreibt, das ihm vielleicht nur zu einem Teil gehört. Lassen Sie sich die Grundstücksgrenzen (*boundaries*) genau zeigen.

3. Größe der Gebäude. Hier wird ein bereits weiter vorn behandeltes Thema relevant: Wie viele Personen sollen das Objekt bewohnen, vor allem: ganzjährig oder nur zeitweilig? Je größer die Wohnfläche (*floor area*), desto höher die Aufwendungen für Ausbauten, Einrichtung und für die laufende Instandhaltung, Reinigung, Heizung, Aufsicht – vom Kaufpreis ganz abgesehen.

Einen »klassischen« Keller, wie ihn bei uns die meisten Ein- oder Mehrfamilienhäuser auch auf dem Lande aufweisen, haben in Irland in den Städten nur wenige Häuser. Meist liegt das an dem relativ hohen Grundwasserspiegel, sodass eine Art Caisson gebaut werden müsste, um den Keller verlässlich trocken zu halten. Und man hatte ja überhaupt keinen Bedarf an Kellerräumen, was vor allem für ältere Gebäude zutrifft: Sie verfügten weder über eine zentrale Heizungsanlage noch gab es Waschmaschinen oder Tiefkühltruhen, die man dort heute vorzugsweise unterbringt.

4. Alter der Gebäude. Sehr alte Gebäude haben oft eine Ausstrahlung, die faszinieren kann. Es ist aber nicht nur eine Frage des Ambientes oder – für den Pragmatiker – von akademischer Bedeutung, ob das Anwesen sehr alte Gebäude umfasst. Bei einem hundert und mehr Jahre alten Gebäude empfiehlt es sich, nach eventuellen Auflagen zu fragen. Die Denkmalschutzbehörde Irlands (*Irish National Trust*) ist sehr darauf bedacht, historische Substanz zu bewahren. Der Hinweis *listed* zeigt an, dass das betreffende Gebäude geschützt ist, wobei es mehrere Abstufungen (*grade 1*, *grade 2*) gibt.

Lough Corib: Von hier aus fuhren vor dreißig Jahren das letzte Mal die Fischer auf Fang hinaus.

Andererseits gibt es in ländlichen Gebieten alte Häuser, von denen nicht sehr viel mehr als die Grundmauern vorhanden sind, praktisch Ruinen. Ob sie einsam in der Landschaft stehen oder zu einem kleinen Dorf gehören – sich hier einzunisten und einen Wiederaufbau in Betracht zu ziehen, ist nicht zuletzt eine Geldfrage. Denn der Bau eines neuen Hauses käme Sie kaum teurer.

Die meisten der in Irland mit *listed* bezeichneten Gebäude sind aber nicht Ruinen eines Cottage, sondern haben eine historische Bedeutung und sind intakt; ihr Alter beträgt mehr als 100 Jahre. An ihnen darf man keine äußerlichen Veränderungen vornehmen oder Anbauten hinzufügen. Aber nicht jedes diesbezügliche Gesuch wird glattweg abgelehnt. Manchmal lohnt ein zweiter Anlauf, und wenn die geplanten Modifizierungen das Prädikat *period* verdienen (etwa: zeitgemäß im Aussehen und Material), ist die Angelegenheit zumindest verhandlungsfähig.

5. Bewohnt, vermietet, belegt? Bei einem derzeit noch vom Eigentümer bewohnten Anwesen, das Sie bei Erwerb aber selbst beziehen möchten, ist eine schriftliche Zusicherung notwendig, die eine Räumung bis zu spätestens diesem Zeitpunkt zum Inhalt hat. Handelt es sich bei dem Objekt allerdings um eine vermietete Wohnung, so könnte der derzeitige Mieter einen noch bestehenden Mietvertrag (*tenancy contract*) vorweisen, der Ihnen einige Geduld in Bezug auf den Einzug abverlangt. Lang- oder mittelfristig vermietete Wohnungen werden deshalb oftmals sehr viel preisgünstiger angeboten als leerstehende.

6. Das Anwesen steht leer. Wie lange schon? Je länger, desto größer ist die Wahrscheinlichkeit, dass erheblicher Arbeitsaufwand nötig ist, die Räume in einen bezugsfertigen Zustand zu versetzen, von weiteren baulich notwendigen Maßnahmen einmal abgesehen. Schon nach sechsmonatiger Vakanz eines Anwesens besteht die Stromversorgungsbehörde ESB auf einer Neuabnahme der Elektroanlage.

Lange Perioden des Unbewohntseins und Leerstehens müssen nicht unbedingt bedeuten, dass das Objekt verkommen ist. Wichtig ist eine ausreichende, permanente Belüftung der

Räume, vor allem in alten Häusern, und aus diesem Grund können undichte Fenster oder ein paar zerbrochene Scheiben durchaus ihr Gutes haben. Bei dem in den westlichen Regionen relativ feuchten Klima in Irland ist ein Durchlüften besonders wichtig.

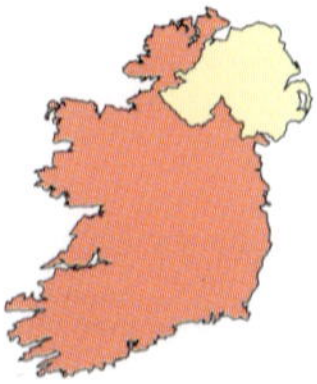

7. Eigentümer. Es ist durchaus nicht selbstverständlich, dass derjenige, der Ihnen ein *freehold*-Objekt zum Kauf anbietet, auch dessen gesetzlicher oder alleiniger Eigentümer ist. Er kann zum Beispiel einer Erbengemeinschaft angehören – in diesem Fall muss er von allen seinen Miterben bevollmächtigt sein, dass er von ihnen zum Verkauf der Liegenschaft beauftragt ist. In aller Regel wird der Makler Ihnen den oder die rechtmäßigen Eigentümer nennen. Auch können Ehepaare gemeinsam als Eigentümer eingetragen sein; auch in diesem Fall benötigen Sie die Unterschriften beider Partner auf jedem Vertragspapier.

8. Der Kaufpreis. Ist das für Sie in Frage kommende Objekt über einen Makler ausgeschrieben, wird sein Preis ein »Festpreis« sein. Der ist aber dennoch als Verhandlungsgröße anzusehen, sofern das Objekt bereits längere Zeit zur Disposition steht. Erscheint Ihnen der geforderte Preis unangemessen, steht es Ihnen frei, einen Gutachter (*surveyor*) einzuschalten, der seinerseits einen Preis ermittelt. Das ist durchaus nicht unüblich.

Fast alle Immobilienanzeigen in der irischen Fach- oder Tagespresse bzw. in den Katalogen der Agenturen, die mehr oder weniger regelmäßig erscheinen, enthalten Preisangaben. Ist dies nicht der Fall, so können Sie davon ausgehen, dass für das Objekt ein relativ hoher Preis erwartet wird – oder dass man auf ein Angebot von Käuferseite wartet.

Eine Richtlinie für Quadratmeterpreise gibt es in Irland nirgends. Man kennt zwar Durchschnittswerte für eine bestimmte Gegend, auch geben einem die Hypothekenabteilungen der Geldinstitute und auch die Makler gewisse Anhaltspunkte, letztendlich ist aber alles eine Frage der Verhandlung und der persönlichen Einschätzung. Nur wo Vergleiche durch eine Vielzahl von Angeboten möglich sind, liegen die Preise schon aus Gründen des Wettbewerbs nicht sehr weit auseinander. Doch das ist in Irland eher die Ausnahme als die Regel.

9. Zahlungsmodalitäten. Auf welcher Zahlungsweise besteht der Verkäufer? Normalerweise setzen die Notare von Verkäufer und Käufer eine Vereinbarung auf, wenn sich die Parteien handelseinig geworden sind (*sale agreed*), die eine Art Vorvertrag darstellt: Der Käufer zahlt etwa zehn Prozent des Kaufpreises als Anzahlung und begleicht den Rest beim *exchange of contracts*, also bei der Eigentumsübergabe durch Vertragsunterzeichnung. Die Zahlungen erfolgen zumeist über die Notare als Treuhänder.

10. Lasten auf dem Grundstück. Im Regelfall kümmert sich der Notar, der den Kaufvertrag aufsetzt, auch um die Fragen eventuell bestehender Lasten. Vorsicht; Grundsätzlich gehen Verpflichtungen aus einer bestehenden Hypothek (*mortgage*) auf den Erwerber der Immobilie über. Der Käufer pflegt nicht automatisch einen lastenfreien Besitz zu übernehmen. Der *subrogation* genannte Eintritt in bestehende Verpflichtungen überträgt alle Lasten, auch Schulden aus Dienstleistungen oder Lieferungen (z.B. elektrischen Strom), an den Käufer einer Immobilie. Also drei, vier Tage vor Unterzeichnung der *completion* ermitteln lassen ob der Verkäufer kurzfristig Verpflichtungen eingegangen ist, die den Grundbesitz belasten. Andererseits kann der Verkäufer für Vorauszahlungen, die er für irgend welche noch ausstehenden Dienste oder Lieferungen geleistet hat, vom Käufer eine angemessene Rückvergütung verlangen.

11. Auflagen, Rechte Dritter. Zahlreiche ältere und historisch bedeutsame Bauten können – wie bereits ausgeführt – in Irland unter Denkmalschutz stehen. Erkundigen Sie sich, ob beim Anwesen Ihrer Wahl diesbezügliche Auflagen existieren, eine Restaurierung, Modernisierung oder bauliche Erweiterung betreffend.

Rechte Dritter könnten in Form eines Vorkaufsrechts (*right of pre-emption*) durch Nachbarn eines bestimmten Grundstücks bestehen, zum Beispiel bei landwirtschaftlich nutzbaren Flächen. Und als »Nachbarn« kommen nicht nur die in Frage, deren Grund unmittelbar an das von Ihnen zu kaufen beabsichtigte Objekt angrenzt. Am besten erkundigen Sie sich, falls Sie ein ländliches Anwesen erwerben wollen, ungeachtet der Angaben des Maklers beim *Land Registry* nach den in Frage kommenden Nachbarparteien und geben diesen von der Kaufabsicht mit einer 30-Tage-Einspruchsfrist Kenntnis.

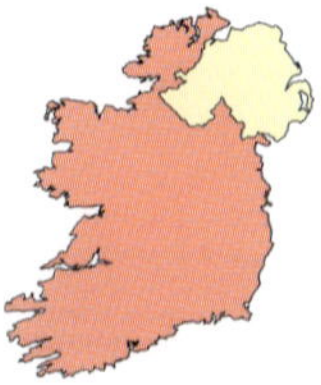

Wie bei uns, kann es den Nachbarn zustehende Nutzungsrechte an Wegen geben, die über das von Ihnen favorisierte Grundstück führen. Normalerweise wird man Sie auf diese Rechte Dritter gleich zu Anfang aufmerksam machen, andererseits können solche Rechte aber seit Generationen zu Gewohnheiten und Selbstverständlichkeiten werden, sodass man gar nicht mehr darüber spricht. Also sollte der Kaufinteressent bzw. sein Notar dieses Thema in den Fragenkatalog aufnehmen.

Es gibt auch ein Leitungsrecht (Wasser, Strom), das Ihr Grundstück eventuell tangiert. Oder eine bestehende Verpflichtung zu eingeschränkter Bebauung, die natürlich zu einer Minderung des Kaufpreises führt – wenn man von ihr weiß.

Im umgekehrten Fall könnte das Ihnen angebotene Grundstück keine öffentliche Zufahrt aufweisen. Dann wären Sie darauf angewiesen, ein Nachbargrundstück hierfür in Anspruch zu nehmen. Vermutlich besteht in einem solchen Fall ein Wege- und auch Leitungsrecht zu Ihren Gunsten.

12. Beschaffenheit der Bausubstanz. Ein Laie vermag in den seltensten Fällen zu beurteilen, ob größere bauliche Maßnahmen zur Restaurierung, Sanierung und Erhaltung eines älteren Hauses erforderlich sind oder ob man mit einem Minimum an Arbeiten auskommt, diese eventuell sogar selbst durchführen kann. Der Zustand der Grundmauern, der tragenden Innenwände, des Dachstuhls, des Daches sollten von einem Baufachmann beurteilt werden, unabhängig von Ihren Plänen in Bezug auf Veränderungen.

Nicht nur Haupt- und Nebengebäude, sondern auch Einfriedungen, also Einfassungsmauern und Tore müssen geprüft werden. Machen Sie sich darauf gefasst, dass die Aufwendungen für die Restaurierung eines zwar romantischen, aber heruntergekommenen Cottage einschließlich der vermutlich notwendigen Erneuerung aller sanitären Anlagen und der Installation einer Gas- oder Ölheizung schnell 120.000 Euro erreichen.

Zur Beurteilung einer Eigentumswohnung, ob im Erstbezug oder von einem Vorbesitzer übernommen, und des Hauses, in welchem sie sich befindet, sollte man möglichst einen Architekten hinzuziehen. Das Honorar für seine Konsultation, etwa 180 bis 500 Euro – je nach Größe des Objekts – ist in jedem Fall geringer als der Aufwand, einen von Ihnen nicht rechtzeitig erkannten und reklamierten Baufehler zu reparieren. Ein Gutachten für ein größeres Anwesen kann zwischen 500 bis 900 Euro kosten.

13. Instandsetzungsarbeiten. Sind Arbeiten wie Erneuerungsmaßnahmen am Dachstuhl oder an der Deckung, das Einziehen neuer tragender Balken und von Zwischenwänden, der Einbau neuer Fenster und Türen oder Reparaturen im Installationsbereich als notwendig erkannt worden, muss deren Reihenfolge festgelegt werden. Priorität genießt immer das Dach. Es empfiehlt sich eine überschlägige Kalkulation der Gesamtkosten durch einen oder mehrere Fachleute. Bedenken Sie auch den Zeitfaktor bei den anstehenden Arbeiten – und set-

Hinter üppiger Botanik verstecktes Cottage: Aussteiger-Paradies für Fortgeschrittene.

zen Sie den von Ihnen anfänglich geplanten Einzugstermin schon jetzt vorsichtshalber um sechs Monate weiter nach hinten. Die Terminzusagen der Handwerker sind in Irland noch weniger verlässlich wie bei uns.

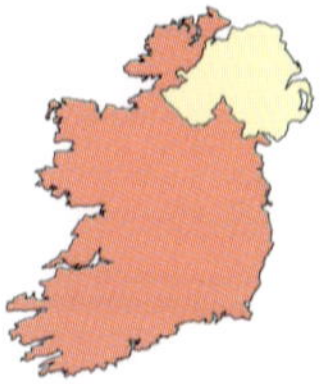

Beim Errechnen der voraussichtlich entstehenden Restaurierungskosten verkalkuliert sich der Nichtfachmann und Hobbywerker meist sehr. Denn der Umfang vieler Arbeiten ist im Vorhinein nicht erkennbar und stellt sich erst im Laufe der Zeit heraus. Ziehen Sie deshalb in Betracht, dass mancher Posten in der von Ihnen zunächst aufgestellten Schätzung der Arbeiten und Materialkosten am Ende aufs Doppelte hinauslaufen kann, wie weiter oben bereits angedeutet wurde.

14. Architekten und Handwerker vor Ort. Auch in kleineren Ortschaften finden Sie vermutlich Bauhandwerker, Zimmerleute, Dachdecker für notwendige Bau- bzw. Restaurierungsmaßnahmen, Innenausbauten oder Renovierungen. Empfehlungen zufriedener Nachbarn sind immer noch der beste Weg, zuverlässige Leute zu bekommen. Ihr Makler wird Ihnen ebenfalls Empfehlungen geben und einen Architekten nennen können.

Das Verhandeln mit irischen Handwerkern setzt natürlich englische Sprachkenntnisse Ihrerseits voraus, ebenso die Kenntnis gewisser Gepflogenheiten. Vor neun Uhr morgens wird kaum jemand auf der Baustelle erscheinen, selbst wenn acht Uhr vereinbart wurde. Und wenn der Maurer nicht am Montag, sondern erst am Mittwoch auftaucht, so ist das nicht ein Ausnahme-, sondern der Regelfall.

15. Wasser-, Gas- und Stromversorgung. Hat das von Ihnen favorisierte Objekt Wasseranschluss? Innerhalb von Ortschaften oder in unmittelbarer Ortsnähe wird sich die Frage nach ausreichender Wasserversorgung (übrigens ist sie in Irland gratis) kaum stellen. Aber in abgelegenen Gegenden könnte es sein, dass das betreffende Objekt nicht an das Versorgungsnetz angeschlossen ist; die Entsorgung von Abwasser findet dort durch eine Grube (*septic tank, cesspit*) statt. Man ist in diesem Fall also auf einen eigenen Brunnen mit elektrischer Pumpe sowie auf einen Gruben-Entleerungsdienst angewiesen.

Strom- und Gasanschluss: Falls nicht vorhanden oder über längere Zeiträume nicht in Betrieb, sind die entsprechenden Behörden am Zuge. Die lokalen Repräsentanten entdecken Sie in den *Golden Pages* des örtlichen Telefonverzeichnisses. Weitere Informationen zu diesem Thema finden Sie auch weiter hinten in diesem Buch.

16. Zufahrtswege. Auf dem Lande kann dieses Kriterium mit einiger Problematik behaftet sein. Die Pflege ausschließlich privat genutzter Zufahrten, egal von welcher Länge, wird von den Kommunalbehörden in aller Regel ignoriert und ist Sache der Anlieger. Soll hier (auch im Interesse des Briefträgers und Ihrer Lieferanten) etwas geschehen, sind Eigeninitiative und entsprechendes Gerät gefragt. Wenn mancherorts beides bisher nicht vorhanden war, wird man es sehr begrüßen, wenn Sie als neu Hinzuziehender aktiv werden. Sprechen Sie sich aber mit Ihren Nachbarn ab, die Ihnen vielleicht triftige Gründe nennen, warum manches lieber so bleibt, wie es ist. Das Auto mit Vierradantrieb ist möglicherweise die bessere Alternative zur

Wer sein Haus mit Reet decken lässt, beweist Sinn für »Irish Heritage«. Aber er muss auch Fachleute finden, die ein solches Handwerk noch beherrschen.

einer teuren und am Ende all zu auffälligen Grundstückszufahrt.

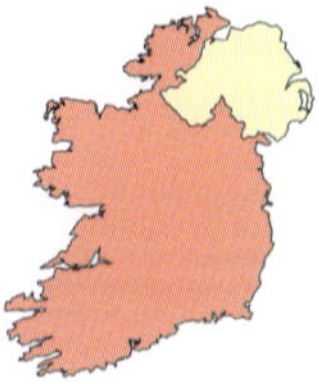

17. Andere Interessenten. Jeder zweite Makler, das darf unterstellt werden, wird Ihnen überzeugend versichern, dass noch einige weitere Interessenten auf das von Ihnen in Erwägung gezogene Objekt reflektieren und dass daher ein schneller Entschluss vonnöten sei. Ob dies der Wahrheit entspricht oder nicht: Überstürzen Sie keine Entscheidung. Die »anderen Interessenten« tun es nämlich auch nicht. Unter Zeitdruck handeln, heißt Risiken eingehen.

Der Makler ist aber verpflichtet, jedes auch nur vage geäußerte Interesse an einem Objekt dem Verkäufer mitzuteilen. Und da reizvolle Liegenschaften auch auf diversen Wegen und meist in mehreren Medien angeboten werden, ist die Wahrscheinlichkeit groß, dass Sie nicht der Einzige sind, der sich meldet. Dennoch sollte die Erwähnung, dass andere Interessenten am Ball sind, Sie nicht dazu verleiten, ein höheres Gebot abzugeben.

18. Infrastruktur. Wo viele Menschen wohnen, werden Sie auch eine Infrastruktur vorfinden, die ihren Bedürfnissen entspricht: Verkehrsmittelanbindung, Einkaufsmöglichkeiten, Servicebetriebe, Gastronomie, medizinische Versorgung. Auf dem Lande jedoch, vor allem in weitab gelegenen Gebieten, sieht das etwas anders aus. Auch dort, wo an der Peripherie größerer Städte wie Dublin oder Galway neue Wohnareale entstehen, bliebt in dieser Hinsicht derzeit noch viel zu wünschen übrig. Finden Sie also heraus, wie weit Sie es bis zu den nächsten Geschäften haben, wo sich die nächste Tankstelle und ein Kundendienstbetrieb für Ihren Wagen befindet, wie Sie – wenn Ihr Auto mal streiken sollte oder wo es ohnehin vernünftiger ist, darauf zu verzichten – mit öffentlichen Verkehrsmitteln weiterkommen. Noch wichtiger: Arzt, Apotheke, Hospital. Sind Sie als Junggeselle auf die Nähe eines Waschsalons angewiesen, möchten Sie als Sportsnatur regelmäßig ein Fitness-Center aufsuchen, sind Sie ein leidenschaftlicher Tennis- oder Golfspieler? Das alles sind Gesichtspunkte, die bei der Standortwahl zu berücksichtigen wären.

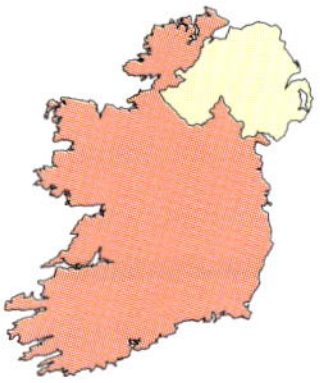

Weite Areale in Irland von überwältigender Naturschönheit, durch die nur Landstraßen dritter Ordnung führen und die in aller Regel von frei umherlaufenden Schafen voll für sich in Anspruch genommen werden, weil hier kaum je ein Auto aufkreuzt, üben einen unwiderstehlichen Reiz aus und können einen spontanen Kaufentschluss auslösen. Vor allem, wenn ein Grundstück sehr günstig zu haben ist. Überlegen Sie sich's dreimal, ob Sie wirklich der Robinsontyp sind, der auf jegliche Infrastruktur verzichten kann – auch in 10 oder 20 Jahren noch. Senioren könnten eines Tages auf regelmäßige, ambulante Betreuung angewiesen sein. Man wünscht sich den Besuch nahestehender Freunde, möchte notwendige Besorgungen nicht jedes Mal zu einem beschwerlichen Tagesausflug ausarten lassen. In romantischer, aber doch einsamer Abgeschiedenheit verkompliziert sich manches schon durch lange Anfahrtswege. An all dies ist zu denken, ehe sie einen Standort im hintersten Winkel Irlands wählen.

19. Wiederverkauf. Bedenken Sie, dass Sie sich irgendwann vielleicht einmal veranlasst sehen, das Objekt wieder zu verkaufen. Je extremer die Lage oder die Art der Immobilie, desto schwerer könnte sich später ein Interessent dafür finden lassen. Manche Liebhaberstücke sind – wenn überhaupt – letztendlich nur über einen sehr niedrigen Preis wieder zu verkaufen. Wenn Sie sich also für den Erwerb eines Anwesens entschließen, das sehr lange Zeit auf einen Käufer wartete, so müssen auch Sie damit rechnen, dass eines Tages Probleme bei einem Weiterverkauf des Objekts auftreten könnten.

20. Umweltbelästigungen. Vergewissern Sie sich, ob das von Ihnen favorisierte Objekt in der Nähe einer Einrichtung liegt, die Ihnen über kurz oder lang den Aufenthalt verleiden könnte. Das mag eine neue Autobahn in der Nähe sein, deren Planung längst feststeht (und in Irland tut sich derzeit viel im Fernstraßenbau). Erkundigen Sie sich also nach solchen eventuell bestehenden Planungen. Überraschungen könnte auch ein Industriebetrieb hinter der nächsten Hügelkuppe bringen, von dessen Emissionen Sie nichts mitbekommen haben, weil Sie Ihr Traumgrundstück an einem Wochenende besichtigten. Ähnlich kann es sich mit einer regelmäßig von schweren Muldenkippern befahrenen Nebenstraße verhalten, die zu einer von Ihnen anfangs unentdeckt gebliebenen Schottergrube führt oder von der man Ihnen gesagt hat, sie sei nicht mehr in Betrieb.

Grundstücke in Meeresnähe sind immer gefragt. Halten Sie es aus, dass hier das Wetter windig und wechselhaft, im Winter oft auch stürmisch ist? Und dass im Sommer Touristenautos vor Ihrem Haus parken? Ob eines Tages vor der Küste wieder einmal ein Tanker auseinander bricht, kann auch niemand vorhersagen. Für keinen Strand, für keine Insel- oder Klippenküste auf der ganzen Welt kann man heute noch eine Garantie abgeben, dass sie auf ewige Zeiten ihre Unverdorbenheit behalten wird.

Irisches Grundstücksrecht

Zwei der wichtigsten Begriffe im irischen Grundstückswesen lauten *»freehold«* und *»leasehold«*. Ihnen begegnet man in vielen Angeboten, in Immobilien-Inseraten und auf Aushängen im Schaufenster eines Maklers.

Freehold bedeutet, dass das Objekt frei verfügbar ist und dass es auf einem Grund steht, an welchen kein anderer als der *proprietor* über ein Eigentumsrecht verfügt (was nichts mit einer eventuell vorhandenen hypothekarischen Belastung zu tun hat). Als frei verfügbares Eigentum kann ein *freehold*-Objekt einschließlich Grund und Boden auf einen Erwerber übergehen.

Der Begriff *leasehold* lässt sich am besten mit Erbpacht übersetzen. Die hiermit gekennzeichneten Häuser – häufig auch größere Anwesen mit Eigentumswohnungen – können zwar beliebig verkauft werden, aber ohne das Grundstück, auf welchem sie stehen. An diesem hat der Immobilienkäufer nur ein Pachtrecht. Er darf es in einem bestimmten Umfang nutzen, aber es gehört ihm nicht.

»Leasehold 75 years« bedeutet beispielsweise, dass der Käufer (oder sein Rechts- bzw. Erbnachfolger) noch 75 Jahre über das betreffende Objekt verfügen kann. Nach Ablauf der Frist wäre ein neuer Erbpachtvertrag auszuhandeln und zu schließen. Käme der nicht zu Stande, müsste(n) das (die) Gebäude theoretisch entfernt werden. Was natürlich niemand tut: Viele

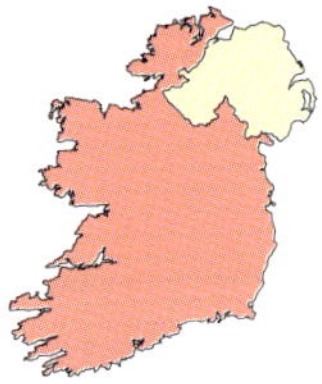

alte Häuser in Irland stehen auf Grundstücken, über die schon zum wiederholten Mal Pachtverträge abgeschlossen wurden. In der Regel werden diese *leasing contracts* auf 90 Jahre begrenzt, häufig besteht aber ein Verlängerungsrecht und es wird bei einem Besitzerwechsel ein neuer Vertrag aufgesetzt, sodass der Käufer (beim *leasehold* heißt er *lessee*) bei einer nur noch relativ kurzen Laufzeit (als solche sieht man eine unter 30 Jahren an) die Gelegenheit bekommt, seinerseits auf mindestens 70 Jahre auf »Nummer Sicher« zu gehen.

Der Pachtzins oder *ground rent* für ein *leasehold*-Objekt hat meist nur symbolische Bedeutung. Er kann 20 oder 50 Euro pro Jahr betragen, aber auch weniger. In einem Eigentumswohnungs-Komplex werden aber von der Verwaltung *management fees* erhoben, also Umlagen auf Verwaltungs- und andere Gemeinkosten, die gerade in größeren Städten recht hoch ausfallen.

Jeder Immobilienmakler ist zugleich Auktionator. Denn etliche Grundstücke finden auf Versteigerungen ihren Käufer.

Es kann sogar Verträge geben, deren Laufzeit über 999 Jahre lautet. Doch auf 100 oder mehr Jahre abgeschlossene *leasehold*-Verträge werden wegen der langen Laufzeit meist schon als *freehold* gehandelt. Mit einem privaten *lease-lender* einigt man sich in

der Regel auf 50 bis 70 Jahre. Man kennt auch Verträge, die am Ende der Laufzeit ein Vorkaufsrecht (*right of pre-emption*) durch den *lessee* versehen. Es heißt dann: *»he takes a freehold«*.

Um keine Illusionen entstehen zu lassen: Der Verkaufspreis eines Leasehold-Objekts, dessen Vertrag vielleicht schon 50 Jahre Laufzeit hinter sich hat, kommt keinesfalls zu jenem Betrag auf den Markt, für welchen es der jetzige Besitzer vor fünf Jahrzehnten einmal erworben hat (nicht nur, weil in der Zwischenzeit etwa Modernisierungen stattgefunden haben). Oft handelt es sich beim *lease-lender* um eine Finanzgruppe, um den Staat oder um eine Gemeinde. Sie alle behalten sich die Eigentumsrechte an ihrem Boden vor, was vor allem in Städten häufig der Fall ist, und beauftragen Verwaltungsgesellschaften mit dem *Property Management*.

Ein allgemein gültiges Grundstücksrecht gibt es in Irland nicht, weder für irische Staatsangehörige noch für Ausländer. Selbst für Kreditgeschäfte und Hypotheken auf Immobilien existieren keine Gesetzesgrundlagen. Man hält sich an Regeln, die sich eingebürgert haben.

Immobilienvermittlung durch einen Makler

Es ist immer noch am einfachsten und effizientesten, sich bei der Grundstückssuche der Dienste eines oder auch mehrerer Makler zu versichern. Und wie überall, so gibt es auch in Irland seriöse und weniger seriöse Immobilienmakler. Aber man gerät verhältnismäßig selten an ein »Schwarzes Schaf« unter den Agenten. Es empfiehlt sich dennoch sehr, sich einem *Real Estate Agent* anzuvertrauen, dessen Geschäft zu einer der großen Gruppen gehört und zum Beispiel in der *Irish Auctioneers & Valuers Institute* (IAVI) oder im *Institute of Professional Auctioneers & Valuers* (IPAV) organisiert ist. Ein Makler muss eine staatliche Zulassung besitzen, die zu erhalten eine Qualifikation für diesen Job voraussetzt.

Hüten Sie sich vor Vermittlern, die Ihnen Geschäfte im Pub anbieten statt in ihrem Büro. Oder vor solchen, bei denen das Grundstück oder das Haus, um das es geht, einem »guten Freund« gehört. An solchen Storys ist immer etwas faul. Und wenn unter der Hand eine Anzahlung ohne Quittung erbeten wird, ist die Sache sogar oberfaul. Aber seien Sie beruhigt: In Irland kommen Fälle von Betrug in Grundstücksangelegenheiten äußerst selten vor.

Man kennt in Irland wie in England eine Spezies der Immobilienmakler, die sich *Relocation Agent* nennt. Während der *Real Estate Agent* im Auftrage eines Verkäufers aktiv wird, handelt der *Relocation Agent* im Interesse eines Käufers, von dem er mit der Suche nach einem Objekt beauftragt wird. Je genauer der Kunde vorgibt, was er sucht, desto maßgeschneiderter sind die Offerten, die er bekommt. Der *Relocation Agent* sieht sich die in Frage kommenden Objekte an, lässt sie von einem neutralen Gutachter schätzen, handelt mit dem Verkäufer einen Preis aus. Wer nicht unter Zeitdruck steht, hat als Käufer die besten Chancen, auf diese Weise sein Traumhaus zu finden.

Es gibt Maklerbüros, die beide Servicemodelle anbieten. Ihre Mitarbeiter handeln aber nicht in Personalunion; die Geschäftsbereiche werden strikt getrennt gemanagt.

Die Rolle des Notars

Wiederholt wurde auf die Funktion des Notars (*solicitor*; wenn er sich ausschließlich mit Grundstückssachen beschäftigt: *conveyancer*) verwiesen. Es ist bei einer Immobilien-Transaktion nicht nur ratsam, sondern notwendig, seine Dienste in Anspruch zu nehmen. Vor allem als Ausländer sind Sie auf seine Kenntnisse und Erfahrungen in Vertrags- und Behördendingen angewiesen, außerdem fungiert der Notar als Treuhänder für die Übermittlung von Zahlungen; er führt für Sie ein Kundenkonto (*client's account*). Es ist zweckmäßig, ihn mit weitgehenden Vollmachten auszustatten.

Einen Notar zu finden, ist nicht schwer, aber ehe Sie auf die Suche gehen und Türschilder studieren, vertrauen Sie besser auf Empfehlungen. Ist ein Makler eingeschaltet, kann der Ihnen nicht seinen Hausnotar empfehlen, denn Sie als Käufer haben nicht nur das Recht, sondern sogar die Pflicht, einen eigenen Rechtsvertreter zu benennen. Aber ein Makler kann dennoch Empfehlungen aussprechen, denn er kennt die in Frage kommenden Gentlemen seines Region sicher gut. Noch

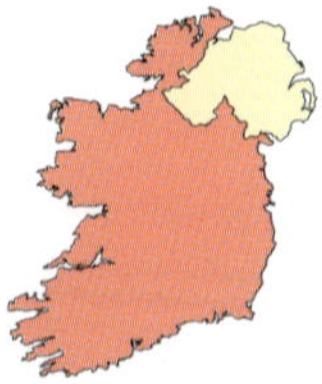

vernünftiger aber ist es, sich der Dienste eins Notars zu versichern, bevor Sie auf die Grundstückssuche gehen. Durch *legal advice* (Rechtsberatung) können Sie sich besser absichern, die Bonität Ihrer Geschäftspartner prüfen lassen und Ihnen zunächst nicht bekannte Risiken vermeiden. Sie finden in den Immobilienblättern übrigens Inserate von Notaren, die auf ihre Dienste aufmerksam machen. Meist sind es größere Kanzleien. Die relativ geringen Kosten, die durch die Beratung durch einen Experten entstehen, mache sich allemal bezahlt.

Der Notar wird, wenn Sie es wünschen, für Sie also vorher alle Recherchen (*local authority search*) durchführen, ob z.B. die Gemeinde geplant hat, demnächst eine Straße quer über Ihr künftiges Grundstück zu bauen, oder ob Auflagen seitens des Landschaftsschutzes bestehen. Zu seinen Pflichten gehört, dass er alle erforderlichen Auszüge besorgt und die Eintragung ins *Property Register* vorbereitet, nicht aber festzustellen, ob es bei der Transaktion eventuell irgendwo »Haken und Ösen« geben könnte. Er wird Ihnen aber bei Verhandlungen mit dem Makler und dem Hypothekengeber zur Seite stehen, sofern Sie einen in Anspruch nehmen, oder Ihnen einen Steuerberater nennen, falls Sie ihn benötigen. Der Notar ist eine Vertrauensperson und gesetzlich zur Verschwiegenheit verpflichtet.

Finanzierung, Hypotheken

Es wäre der Idealfall, wenn Sie den Kauf eines Objekts im Ausland so abschließen können, dass keine Fremdfinanzierung erforderlich ist, also ohne die Inanspruchnahme von Bankkrediten, privaten Darlehen oder die Eintragung einer Hypothek (*mortgage*). Die Konditionen für Zins und Tilgung sind in Irland günstig; Anfang 2002 lagen die Hypothekenzinsen bei durchschnittlich 5 bis 6 Prozent effektivem Jahressatz (apr).

Auch in Irland ist es üblich, zur Baufinanzierung eine Hypothekenbank hinzuzuziehen. Im Regelfall beläuft sich die Laufzeit einer Hypothek in Irland auf 15 Jahre, doch es gibt auch Modelle für 20 oder 25 Jahre.

In der *Irish Mortgage and Savings Association* (kurz IMSA, ein Zusammenschluss der Spar- und Hypothekenkassen) sind mehrere Institute organisiert, so die »Irish Nationwide« als eine Hypothekenbank, deren Dienste von besonders vielen »Häuslebauern« in Irland in Anspruch genommen wird, die Irish Permanent, die First National, die ICS und die Irish Life. Es gibt noch etliche weitere Banken, die als Hypotheken- und Darlehensgeber in Frage kommen. Non-Residents können ein Objekt bis zu 70 Prozent des Schätzwertes finanzieren lassen, Einheimische bis zu 90 Prozent.

Man kennt im Hypothekengeschäft diverse Modelle:

1. *Annuity Mortgage.* Hier handelt es sich um ein Darlehen, das man in gleichbleibenden oder variablen Monatsraten mit *»open end«* zurückzahlt, je nachdem, wofür man optiert. Manche Banken bieten auch Kombinationsmodelle an.
2. *Repayment Mortgage.* Regelmäßige Raten über einen vereinbarten Zeitraum für Zins und Tilgung. Abschluss einer Lebensversicherung ist erwünscht.
3. *Endowment Mortgage.* Diese Art der Darlehensaufnahme ist an den Abschluss eines Sparvertrages gekoppelt, bei dem die Hälfte der Rückzahlungen auf ein Lebensversicherungskonto fließen; das schützt vor Eventualitäten. Die Versicherung wird zunächst auf die Laufzeit der Hypothek abgeschlossen. Am Ende hat man in aller Regel ein Plus auf dem Konto, und wenn man die Laufzeit der Lebensversicherung verlängert, hat man später ein Sicherheitspolster zur Finanzierung weiterer Vorhaben.
4. *Interest Only Mortgage.* Für diese Hypothek werden nur die Zinsen bezahlt. Der aufgenommene Betrag wird an einem zuvor festgesetzten Zeitpunkt in voller Höhe durch eine Einmalzahlung getilgt. Interessant für jene, die in absehbarer Zeit mit der Erstattung einer größeren Summe (z. B. durch eine Abfindung, aus einer Lebensversicherung oder einer Beteiligung o.ä.) rechnen können.
5. *Pension Plan Mortgage.* Wie Endowment Mortgage, nur wird hierbei die Hälfte der Einzahlungen in die Lebensversicherung der Hypothekentilgung zugeführt. Wird meist jüngeren Menschen empfohlen. Übertragbar auf ein anderes Objekt.

Finanzierungen mit Hypothekengarantie (Absicherung eines Grundpfandrechts) spielen sich in der Regel zwischen 50 und 70 Prozent des Kaufpreises ab. Die *Personal Mortgage Advisors* einer Bank bieten umfassende Beratungsdienste an; auch steuerliche Aspekte gilt es zu berücksichtigen. Und wovor man stets und überall gewarnt wird: vor den Folgen etwaiger *mortgage arrears*. Darunter versteht man den Zahlungsrückstand, in den Kunden mit unsicheren Einkommensverhältnissen – woraus auch immer die resultieren mögen – geraten. Mehrere tausend Eigenheime kommen infolge Insolvenz jährlich unter den Hammer.

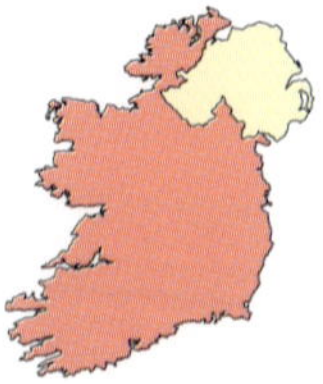

Knapp die Hälfte aller Immobilien-Finanzierungen werden in Irland über einen *Mortgage Broker* vermittelt. Die nehmen dem Käufer oder Grundstückseigentümer, der bauen möchte, zwar eine Menge Arbeit ab, weil sie sich in der Branche besser auskennen und vorgeblich beste Konditionen aushandeln, aber dafür kassieren sie auch 0,5 bis 1,5 Prozent der Darlehenssumme.

Bei einem Antrag auf eine Hypothek wird man nach einer Referenz von Seiten Ihrer Heimatbank fragen (*bankers reference, status enquiries*). Wenn Sie zu Hause nicht gerade wegen Hinterlassung eines Chaos auf Ihren Konten oder der Verteilung ungedeckter Schecks in Ungnade gefallen sind, wird Ihre Bank der anfragenden irischen Bank ohne weiteres die gewünschte Auskunft hinsichtlich Ihrer Bonität erteilen. *Status enquiries* können auch eingeholt werden, wenn andere Geschäfte als ein Grundstückskauf anstehen, etwa beim Ratenkauf eines Autos.

Man wird Ihnen die Summe, die man Ihnen als Hypothek zur Verfügung stellt, nach etwa acht Tagen nennen. Mit dieser schriftlichen Zusage (*mortgage offer*) begeben Sie sich zum Makler, der nun seinem Notar bzw. dem seines Kunden (Verkäufer) »grünes Licht« gibt. Es ist dann Sache Ihres Notars, die Hypothek beim *Land Register* einzutragen.

Eine Finanzierung bzw. Hypothekarbürgschaft mit Finanzierungsgarantie für eine Immobilie in Irland kann aber auch von einer Bank oder Bausparkasse im Heimatland des Käufers übernommen werden. Die deutschen Landes-Bausparkassen zum Beispiel bieten seit einiger Zeit Finanzierungsmodelle für Immobilienerwerb im Ausland an, und die in Irland gültigen

Gesetze verbieten es einem »Offshore«-Geldinstitut keineswegs, auf der Insel aktiv zu werden.

Die für eine Finanzierung Ihrer Immobilie in Anspruch genommene Bank wird darauf bestehen, dass Sie eine Versicherung gegen Risiken (Wasserschaden, Feuer, Folgen von Blitzschlag) abschließen. Aber Sie werden Ihr Objekt ja vermutlich ohnehin versichern lassen.

Abschluss des Kaufvertrages

Den gesamten Vorgang, der Verkauf und Kauf bis hin zur Übergabe des Objekts zum Inhalt hat, nennt man in Irland *conveyance*; ein Prozess, zu dessen Abwicklung man sich eines Notars bedient. Oder vielmehr sind es deren zwei, denn sowohl der Verkäufer als der Käufer arbeitet ja mit »seinem« Notar.

Sind der Verkäufer (*vendor*) und der Käufer (*buyer*) sich handelseinig, setzt der Notar des Verkäufers einen Vertrag (*purchase contract*) auf und schickt ihn an seinen Kollegen, der die Interessen des Käufers vertritt. Der muss von seinem Mandanten einen Anzahlung auf das Objekt kassieren (in der Regel 5 bis 10 Prozent) und auf ein Treuhandkonto einzahlen. Soll eine Hypothek aufgenommen werden, muss zugleich mit dem Vertrag das Wertgutachten vorliegen.

Der Notar, der für den Käufer arbeitet, hat in dessen Interesse einen Fragenkatalog vorzulegen (*requisitions* oder *searches*), der folgende Punkte umfasst:

- **Planning search:** Gibt es dem lokalen/regionalen Planning Office bekannte Vorhaben, die des Grundstück tangieren oder seinen Wert mindern könnten (Straßenbaupläne zum Beispiel)?

- **Property registration:** Ist der Verkäufer berechtigt, über das Objekt zu verfügen? Ist er als Eigentümer im *Land Registry* eingetragen?

- **Encumbrances:** Lasten auf dem Objekt Schulden, gibt es unbeglichene Rechnungen? Vor vollzogenem Kauf kann man beim bisherigen Eigentümer noch die Begleichung seiner offenen Verpflichtungen durchsetzen, falls dies ein Druckmittel darstellt, andernfalls erbt der Käufer alle auf dem Objekt lastenden Schulden. Diese Gepflogenheit rührt aus der Zeit her, als viele Iren auswanderten, oft genug hoch verschuldet und unter Zurücklassung von einem kleinen Häuschen. Gläubiger hatten natürlich keine Chance, Außenstände aus Übersee einzutreiben – nur auf den Grundbesitz hatten sie Zugriff.

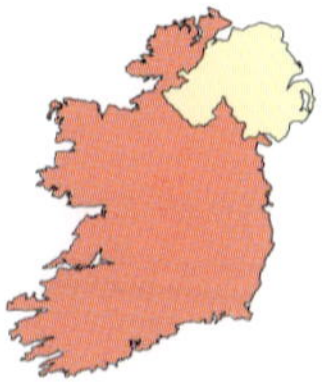

Sind alle Fragen zur Zufriedenheit des Käufers beantwortet, steht der Unterzeichnung des Vertrages durch beide Parteien nichts mehr im Wege.

- **Klauseln:** Wie jeder Vertrag, kann auch der über einen Immobilienkauf Klauseln (*conditional clauses*) enthalten. Verstößt eine der Parteien gegen eine solche Klausel bzw. erfüllt sie nicht, kann der ganze Vertrag nichtig sein. Klauseln können den Termin für die Räumung eines noch bewohnten Objekts betreffen, den Zustand oder das Vorhandensein bestimmter, im Vertrag aufgeführter Einbauten, die bei der Vorbesichtigung festgestellt wurden, oder die Fertigstellung bestimmter Arbeiten bei einem Bauprojekt.

- **Unterzeichnung des Vertrages:** Dem Abschluss eines Immobilien-Kaufvertrages geht eine Vereinbarung voran, die ausdrückt, dass beide Parteien sich prinzipiell handelseinig geworden sind. Der auf diesem *sale agreed* oder *deed of purchase* ausgearbeitete Vertrag wird als *draft contract* oder *purchase contract* bezeichnet. Der unter *sale agreed* ausgehandelte Kaufpreis kann von dem im *purchase contract* genannten abweichen, wenn sich Käufer und Verkäufer zwischenzeitlich darüber einig geworden sind, dass im Gegensatz zu der ursprünglichen Absprache beispielsweise bestimmte Reparaturen noch vom Verkäufer bzw. erst später vom Käufer vorgenommen werden sollen.
  Die Vertragsunterzeichnung nennt sich *completion* – ein feierlicher Vorgang, der durch den Austausch der *transfer documents* ergänzt wird, die den tatsächlich erfolgten Objektübergabe quittieren. Der *purchase contract* ist in Irland übrigens

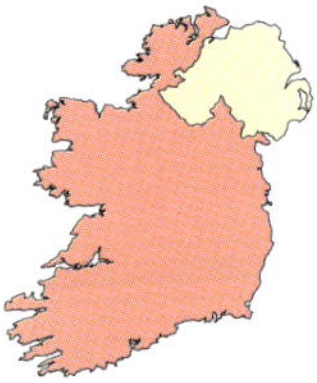

ein Einheitsformular nach den Standards der *»Incorporated Law Society«*. Fußangeln gibt es da nicht. Hat die Unterzeichnung stattgefunden, ist die Zahlung der Restsumme an den Verkäufer fällig, sei es durch diesen selbst oder durch seine Bank bzw. seinen Hypothekengeber.

Wenn mehrere Personen, z. B. Ehepaare oder Eltern und ihre Kinder, gemeinsam als Käufer oder als Hypothekennehmer auftreten, kann dies zu gleichen oder auch zu ungleichen Teilen geschehen (*equal* oder *unequal rights*). Im Vertrag werden die unter den Partnern vereinbarten Rechte exakt definiert.

Zwischen dem Aufsetzen des *purchase contract* und der *completion* vergehen in der Regel zwei Monate; diese Zeit benötigt der Notar des Käufers, um alle Formalitäten zu erledigen. Auch eine letzte Besichtigung des Objekts kurz vor dem Termin der Vertragsunterzeichnung gehört dazu, um sicherzustellen, dass keinerlei Veränderungen stattgefunden haben (an einem seit längerem unbewohnten Haus könnten beispielsweise mutwillige Beschädigungen vorgenommen worden sein).

Als Käufer müssen Sie den Vertrag nicht unbedingt persönlich unterzeichnen, sollten Sie zeitlich verhindert sein. Sie können damit jemanden notariell bevollmächtigen, etwa einen Rechtsanwalt (*attorney*). Auch ein (Ehe-)Partner kann Unterschriftsvollmacht für den Fall seiner Nichtanwesenheit erteilen. Kalkulieren Sie hierfür Koste in Höhe von etwa 250 Euro ein.

Die Grundstückstransaktion ist legal erst vollzogen, wenn die Eintragung beim *Land Registration Office* erfolgt ist und der *Revenue Commissioner* seine *stamp duty* (siehe unten) erhalten hat. Der *title*, also die Grundstücksurkunde, bestätigt das ordnungsgemäß vollzogene Procedere. Lediglich falls Sie eine Hypothek aufgenommen haben, verbleibt der *title* für deren Laufzeit beim Hypothekengeber. Danach bekommt sie den Vermerk *»vacate«* (Hypothek gelöscht) und wird Ihnen zugestellt.

Steuern, Provisionen, Gebühren

Zum Kaufpreis der Immobilie addieren sich Steuern, Provisionen und diverse Gebühren. Ihre Summe kann eine beträchtliche Höhe ausmachen, sodass ein auf den ersten Blick vielleicht recht günstig erscheinender Preis für ein Objekt am Ende doch nicht ganz so attraktiv ist. Zusätzliche Posten in Ihrem Finanzierungs-Gesamtmodell sind:

- **Grunderwerbssteuer.** Die Grunderwerbssteuer heißt in Irland *stamp duty* und ist vom Käufer nach der Transaktion an das Finanzamt (*revenue commissioner*) zu entrichten. Sie ist eine variable Größe und fällt auch nur für Häuser oder Wohnungen an, deren Wohnfläche (*floor area*) 125 qm übersteigt. Bemessungsgrundlage ist der Kaufpreis, wobei vom Gesamtpreis des Objektes der Wert des Wohngebäudes abgezogen wird und nur die Differenz zum Ansatz kommt. Beispiel: Gesamtpreis 300.000 Euro, Wert des Hauses 170.000 Euro, Stamp-Duty-Bemessungsgrundlage also 130.000 Euro.
  In die Bewertung müssen auch Einbauten, Teppiche und so weiter einbezogen werden, wenn diese auch in der Vertragssumme beinhaltet sind. Rechnen Sie nach, ob es sich lohnt, mit dem Verkäufer zwei Verträge zu schließen: Einen für die »leere« Immobilie, einen für alles andere. So zu verfahren, ist nicht illegal.
  Die Höhe der *stamp duty* variiert von 3 bis 9 Prozent des im Vertrag ausgewiesenen Kaufpreises, wobei Objekte unter 75.000 Euro von der Abgabe befreit sind. Bis 125.000 Euro Kaufpreis beträgt die *stamp duty* 3 Prozent, bis 215.000 Euro 4 Prozent, bis 320.000 Euro 5 Prozent, bis 650.000 Euro 7 Prozent, darüber 9 Prozent. Auch auf gewerbliche Objekte wird die Abgabe erhoben, dort beginnt die Staffel bei 6500 Euro (1 Prozent) und endet bei 77.500 Euro (6 Prozent).
  Findet der Verkauf einer Immobilie unter Verwandte ersten Grades statt, kommen nur die halben Sätze zur Anwendung.

- **Maklerprovision.** Ein Immobilienmakler in Irland erhält für seine Bemühungen und Aufwendungen nicht vom Käufer, sondern vom Verkäufer, der ihn beauftragt hat, eine

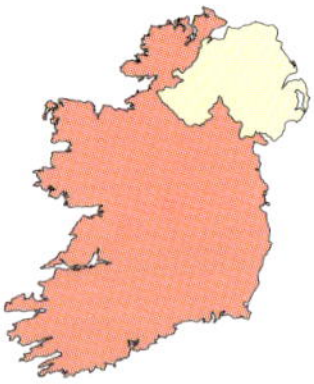

Provision. Ihre Höhe bewegt sich zwischen 2 und 3 Prozent, bezogen auf die Kaufsumme im Vertrag. Auf die Provision muss der Verkäufer die gesetzliche Mehrwertsteuer (VAT) in Höhe von 12,5 Prozent zahlen. Da aber der Verkäufer meist nicht geneigt ist, die *agents' fees* aus eigener Tasche zu berappen, wird er den Betrag auf seine Kaufpreisforderung aufschlagen. Letzten Endes ist es also doch der Käufer, der die Maklergebühr trägt.
Hat der Käufer einen *Relocation Service* in Anspruch genommen, ist dieser natürlich von Seiten des Käufers zu honorieren. Die Höhe der Gebühren ist vorher auszuhandeln.

- **Notargebühren.** Die Kostennote, die der Notar für seine Tätigkeit ausstellt (*solicitors fees* oder *legal fees*), wird sich zwischen 1 und 1,5 Prozent der Kaufsumme plus Mehrwertsteuer bewegen. Der Notar ist an keine Gebührenordnung gebunden. Seine Leistungen erstrecken sich auch nicht auf das »Abklopfen« aller Vertragsdetails, sondern er besorgt den Austausch der Vorvereinbarungen und bezeugt die *completion*, also die Leistung der Unterschriften, nimmt die notwendigen Eintragungen vor und leitet die ihm anvertraute Geldbeträge weiter. Da es aber für Sie als Nicht-Ire sehr nützlich ist, sich seiner Dienste auch darüber hinaus zu bedienen, sollte er Ihnen für weitere Leistungen einen Kostenvoranschlag erstellen.

- **Grundbucheintrag.** Die Eintragung im *Land Registry* kostet in der Regel zwischen 60 und 100 Euro. Eventuell verauslagt der Notar für Sie diesen *deed registration fee*.

- **Gutachtergebühren.** Die Höhe der *valuation fees* richtet sich nach dem Wert des Objektes. Rechnen Sie mit einem Honorar von etwa 0,15 %. Muss der Gutachter von weither anreisen, wird er die Reisespesen in Rechnung stellen.

- **Hypotheken-Antragssteuer.** Die Bank, die Ihnen eine Hypothek gibt, oder der Broker oder Bauträger, der sie Ihnen vermittelt, verlangt 0,5 Prozent der ausgehandelten Gesamtsumme als *mortgage application fee*, fällig bei Abschluss.

- **Mehrwertsteuer.** Bei einem genanten Preis für eine Wohn-Immobilie muss allfällige Mehrwertsteuer enthalten sein (wie beim Autokauf). Wer privat verkauft, muss auch keine Mehrwertsteuer (VAT) abführen. Anders verhält es sich bei gewerblichen Objekten bzw. Grundstücken; hier fallen 12,5 Mwst. an.

- **Versorgungsanschlüsse.** Bedenken Sie, dass bei einem Neubauprojekt Anschlüsse für Strom, Gas und Wasser zu Buche schlagen; die Höhe der Aufwendungen können unterschiedlich sein. An anderer Stelle in diesem Buch wird detailliert darauf eingegangen.

- **Wohnsteuer.** Man kennt in Irland eine *residential property tax*, die 1,5 Prozent des Einheitswertes ausmacht. Da dieser aber äußerst angesetzt wird, ist dies eine zu vernachlässigende Größe

- **Steuern aus Mieteinkünften.** Beachten Sie, dass Sie in Irland Abgaben zu entrichten haben, wenn Sie einen Zweitwohnsitz zeitweilig oder auf Dauer vermieten. Da es unterschiedliche Modelle gibt, empfiehlt sich die Konsultation eines Steuerberaters. Falls Sie Ihre Residenz in Irland weitervermieten, müssen Ihre im Ausland erzielten Einkünfte aus Vermietung und Verpachtung auch zu Hause, vorausgesetzt Sie sind dort nach wie vor steuerpflichtig, in Ihrer Steuererklärung aufscheinen. In Irland entrichtete Abgaben vermindern die daraus entstehende Steuerschuld. Es könnte aber sein, dass Ihnen durch das Vermieten gar kein Gewinn verbleibt, durch bestimmte Aufwendungen am Ende sogar ein Verlust entsteht. Den können Sie als privater Vermieter einer Immobilie im Ausland bei ihrem deutschen Finanzamt aber leider nicht steuermindernd geltend machen.

Baugenehmigung, Auflagen

Unbebaute Grundstücke werden in Irland häufig angeboten. Vielleicht haben Sie das Glück, ein Areal zu finden, um sich dort Ihr Traumhaus errichten zu lassen. Als Interessent für ein unbebautes Grundstück, auf dem Sie bauen möchten, erkundigen Sie sich schon beim ersten Ortstermin, ob dort überhaupt gebaut werden darf, und wenn ja, in welcher Dimension, Positionierung und Ausführung.

Ihr Notar wird für Sie beim *Land Registry* in Erfahrung bringen, wie die Dinge stehen. Landschaftsschutz oder als ausschließlich zu landwirtschaftlicher Nutzung ausgewiesenes Gelände könnte z. B. der Erteilung einer Baugenehmigung just dort entgegenstehen, wo Sie sich in Gedanken schon auf der Terrasse mit Blick auf die am Horizont im Morgenlicht schimmernde Bergkette sitzen sehen.

Die Suche nach einem unbebauten Grundstück könnte auch über einen Architekten Erfolg haben, der daran interessiert ist, für einen prospektiven Kunden ein attraktives Baugelände ausfindig zu machen. Oder über eine Baugesellschaft, die sich darauf spezialisiert hat, Häuser zu Festpreisen nach Katalog zu erstellen. Dies können simple Fertigbungalows sein, aber auch individuelle Objekte in klassischer Bauweise, entworfen von Architekten und Designern mit einem Faible für

Wo immer es geht, wird auf dem Lande mit Natursteinen gebaut, wie hier in der Nähe von Newtown Forbes.

das, was man in Irland wie in England als Heritage bezeichnet.

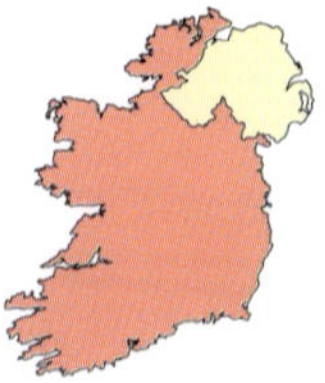

Auf ihren Erkundungsfahrten haben Sie sicher viele Bungalows einfachster Ausführung gesehen, die geradezu abschreckende Beispiele und genau das Gegenteil von dem sind, was Sie sich vorstellen. Doch durchaus nicht alle Fertighäuser müssen simple Einheitsware sein. Viele irische Bauherren stellen zwar keine besonders hohen Ansprüche in dieser Beziehung, schon aus Finanzierungsgründen, aber dass es auch reizvolle und intelligent durchdachte günstige Konstruktionen gibt, beweisen die Häuser von The Spires in Carrignafoy (Cobh) oder von Hamilton Osborne King (Cork).

Nachbarlicher Einspruch

Nur in Ausnahmefällen wird es wegen Ihres Bauvorhabens zum Streit mit einem Grundstücksnachbarn kommen. Es könnte aber sein, dass Ihre Baupläne vom Architekten nicht allen Anliegern zur Kenntnis gegeben wurden (oder dies ganz und gar versäumt wurde) und nun jemand, der sich dadurch brüskiert fühlt, Forderungen stellt, nachdem die Bauarbeiten bereits begonnen haben. Es gibt hier nur eine Lösung: die gütliche Einigung mit Ihrem Kontrahenten, schon im Hinblick auf das zukünftige Nachbarschaftsverhältnis.

Die Einigung kann auf zweierlei Wegen erfolgen: Sie ändern Ihre Baupläne und lassen sie von neuem genehmigen, oder Sie bieten dem Nachbarn eine Entschädigung an. In aller Regel wird er die zweitgenannte Möglichkeit bevorzugen.

Mieten und Vermieten

Wenn Sie nur vorübergehend in Irland sesshaft werden wollen (oder sollen), wird sich für Sie das Mieten eines Hauses oder einer Wohnung eher anbieten als der Kauf einer Immobilie. Also: Wo Sie den Hinweis *to let* lesen, bedeutet dies, dass die betreffende Wohnung oder das Haus zur Vermietung anstehen. Interessant für Sie?

Vielleicht auch deshalb, weil das Anmieten eines Objektes zunächst keine umfangreichen Mittel bindet und weil Sie erst einmal in Ruhe, vielleicht für ein halbes oder ganzes Jahr, prüfen möchten, was Ihnen der geplante Ausstieg bietet. Sie hätten den Vorteil einer festen Adresse in Irland, ohne die Verpflichtungen, die Grundbesitz mit sich bringt. Sie könnten sich allmählich einleben und das Grundstück Ihrer Sehnsüchte suchen.

Immobilienagenturen, die *Residential Letting Services* anbieten, verweisen auf ihre Dienste, die auch eine Vermietung eines von Ihnen erworbenen Objekts während der klassischen Ferienzeiten einschließen. Zumindest für einige Monate im Jahr, an denen Sie voraussichtlich nicht anwesend sein werden, könnte das interessant sein, weil ja entsprechende Mieteinnahmen hereinkommen.

Andererseits müssen Sie in Kauf nehmen, dass es sich in Ihren vier Wänden, in Ihrem Mobiliar und in persönlichen Sachen wildfremde Menschen bequem machen. Nicht nur sensible Naturen ärgern sich über Beschädigungen, Unreinlichkeit, eigenmächtig vorgenommene Veränderungen. Richten Sie Ihr Haus oder die Wohnung von vornherein unter Gesichtspunkten einer Weitervermietung ein, fällt Ihnen ein solcher Entschluss leichter. Oder Ihr Objekt ist so geschnitten, dass es zu einer Teilvermietung taugt, durch ein Einlieger-Apartment oder einen bzw. mehrere zusätzliche Wohntrakte. Dann bleibt Ihnen Ihr persönlicher Wohnbereich zu jeder Zeit vorbehalten.

Dauervermietung bedeutet, dass Sie Ihr Haus oder ihre Wohnung über einen längeren Zeitraum nicht selbst nutzen können. Bis es soweit ist (Alterssitz), kann er sich durch Vermietung aber weitgehend finanziert haben. Eine interessante Rechenaufgabe. Nur ist bei einer solchen langfristigen Planung ein rechtzeitiges Freiwerden so früh wie möglich einzuleiten.

Geben Sie sich aber nicht der Illusion hin, aus den Mieteinkünften Ihre Existenz bestreiten zu können. Die Möglichkeit der Vermietung eines Anwesens ist meist nur während der Ferienmonate gegeben, und bis sich die Anschaffung einer Miet-Immobilie in einer Stadt wie Cork, Dublin oder Limerick amortisiert, können einige Jahre vergehen. Die Vermietung von Objekten zu anderen als Ferienzwecken ist in Irland zudem genehmigungs- und damit auch gebührenpflichtig.

Für eine 50- bis 70-qm-Wohnung sind in kleineren Städten um die 250 Euro Monatsmiete üblich, in Dublin oder Cork aber vier- bis sechsmal so viel. Die Miete für ein größeres Einfamilienhaus kann 2500 bis 3500 Euro betragen. Schließt man einen längerfristigen Mietvertrag ab, mindestens also über ein oder zwei Jahre, kommen für den Mieter spürbar günstige Beträge in Ansatz. Heizung und Strom werden stets separat abgerechnet. Der in Irland übliche Begriff *long-term letting* wird aber häufig schon für Mietzeiträume von zwei oder drei Monaten verwendet – eben weil es üblich ist, dass ein Objekt nur zur Urlaubszeit weitervermietet wird.

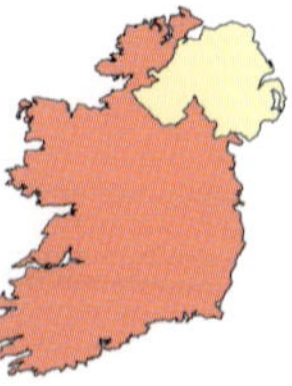

Übernehmen Sie selbst ein Objekt, in welchem Mieter durch noch laufende Verträge Wohnrecht haben, so lassen Sie sich sämtliche Verträge vorlegen und vergewissern Sie sich auch, ob und in welcher Höhe Mietkautionen hinterlegt wurden.

Das Abschließen eines Mietvertrages vollzieht sich mehr oder weniger wie bei uns. In der Regel bindet er die Parteien über kurze Zeiträume, manchmal nur für ein halbes Jahr, mit der Option auf Verlängerung, sofern keine Partei unter Einhaltung einer bestimmten Frist kündigt. Natürlich ist das letztlich eine Sache der individuellen Vereinbarung, ebenso wie die Frage der Renovierung eine Mietobjekts. Zu klären wäre die Frage der Nebenkosten und was sie alles einschließen. Üblich ist ferner eine Mietkaution, meist in Höhe dreier Monatsmieten, die wie bei uns verzinst wird.

Überlässt man das Vermieten einer Wohnung – vor allem zu Ferienzwecken – einem *letting agent*, spart man sich zwar viel Arbeit, aber muss an ihn auch eine Provision zahlen. Die kann zwischen 10 und 15 Prozent der zu erwartenden Mieteinnahmen betragen. Makler, die Ferienmieter akquirieren, sind im Irish Tourist Board (ITB) organisiert. Ein *ITB approved agent* vermittelt Wohnungen nur an Kunden, deren Bonität er geprüft hat. Andererseits werden an die zu vermietenden Wohnungen auch Qualitätsansprüche gestellt, für die es ITB-Standards gibt.

Weiterverkauf einer Immobilie

Nicht in allen Ländern darf man als Ausländer sein Haus oder Grundstück ohne weiteres wieder verkaufen. In der Schweiz zum Beispiel gibt es da erhebliche Einschränkungen. Nun, in Irland dürfen Sie über Ihr Objekt frei verfügen.

Es ist jedoch davon abzuraten, eine solche Transaktion ohne Beratung durchzuführen, Wenn Sie einen Interessenten an der Hand haben, brauchen Sie zwar keinen Makler, aber für den Käufer wickelt sich alles so ab wie in Ihrem Fall, als Sie die Immobilie erwarben. Überlassen Sie dennoch Ihrem Notar alles Übrige, das spart Ihnen unendlich viel Zeit und Geld.

Die Einschaltung eines Immobilienmaklers ist von Vorteil, wenn Sie weder einen Interessenten kennen noch sich um die ganze Abwicklung selbst kümmern wollen. Der Real Estate Agent wird das Objekt eingehend besichtigen und (auf seine Kosten) von einem Gutachter schätzen lassen. Er wird Fotos anfertigen. Vorsicht, wenn der Makler Ihnen sehr viel mehr zu erzielen verspricht, als Sie angenommen haben: Er wird vermutlich einen Alleinauftrag erhalten wollen und Sie davon abzubringen versuchen, einen zweiten oder dritten einzuschalten – was Ihr gutes Recht wäre. Allerdings sollte ein von mehreren Maklern angebotenes Objekt nicht zu unterschiedlichen Preisen ausgeschrieben sein.

Die vom Verkäufer zu zahlende Provision für den Vermittler beträgt zwischen 2 und 3 Prozent auf den erzielten Preis, zuzüglich Mehrwertsteuer (VAT). Sollte der Erlös aus dem Verkauf eines Hauses, das bislang als Zweitwohnsitz gedient hat, mehr als 185.000 Euro betragen, müssen 15 Prozent davon ans Finanzamt abgeführt werden. Diese Pflicht obliegt dem Käufer; er wird den Betrag vom Kaufpreis gleich einbehalten (was üblich ist und vom Notar geregelt wird). Diese 15 Prozent sind aber nur ein Depot auf fällige Steuern, die der Verkäufer zu entrichten hat.

Erbschaft, Schenkung

In Irland kennt man (leider) auch die Erbschafts- und Schenkungssteuer, dort *Capital Acquisition Tax* oder kurz CAT genannt. Sie beträgt zwischen 20 und 40 Prozent und wird fällig, wenn der Erblasser oder Schenkende seinen festen Wohnsitz in Irland hat oder das betreffende Objekt sich in Irland befindet.

Ehegatten untereinander sind von der CAT ausgenommen, und Kinder bzw. Nichten oder Neffen (wenn der Erblasser/Schenkende kinderlos ist) kommen in den Genuss eines

Freibetrages von 235.000 Euro. Für Verwandte zweiten Grades liegt der Freibetrag bei 32.000 Euro, bei allen anderen Begünstigten beträgt er 16.000 Euro. CAT kann man in bequemen Jahresraten bezahlen.

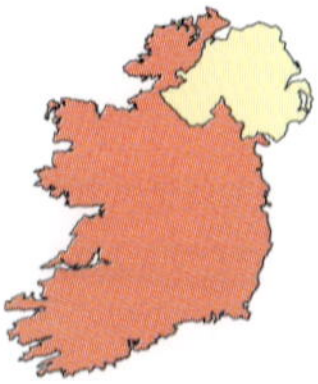

Aber es gibt auch Möglichkeiten, die Erbschaftssteuer zu umgehen, indem der Erblasser bereits zu Lebzeiten dem oder den Begünstigten Zuwendungen zukommen lässt, die einen bestimmten Höchstbetrag nicht überschreiten. Das ist natürlich schriftlich zu bestätigen. Tritt der Erbfall später ein, könnte der gesamte Hausrat mit allem Drum und Dran bereits den Begünstigten gehören – es verbleibt das nackte Haus, dessen Wert dann relativ gering ist.

Im Falle einer Erbschaft, die in Irland angetreten wird, können die Finanzbehörden beider Staaten aktiv werden, wenn z. B. Sie als Erblasser nicht irischer Staatsangehöriger waren oder in Irland nur einen Zweitwohnsitz unterhielten. Die (vermutlich im Heimatland veranlagten) Erben Ihrer Immobilie werden also eines Tages – möge er in weiter Ferne liegen – sowohl zu Hause als auch in Irland zur Kasse gebeten werden, denn hier findet das Doppelbesteuerungsabkommen keine Anwendung. Jedoch wird die in Irland entrichtete CAT zu Hause angerechnet. Vorausgesetzt werden schriftliche Nachweise der Zahlungen, mit Sicherheit auch beglaubigte Übersetzungen entsprechender Bescheide und Korrespondenzen.

Umstellung auf das Leben in Irland

Wie richtet man sich ein? Gibt es Baumärkte? Was zahlt man für eine Handwerkerstunde? Wie wird geheizt, wie versichere ich mein Heim, wie funktioniert die Postzustellung und die Müllabfuhr, soll ich meinen Fernseher und mein Auto mit nach Irland nehmen? Es gibt wohl mehr Fragen als Antworten…

Idylle an der Küste von Westport (Co. Mayo).

Wer als Resident lange in Irland gelebt hat, mag über manches lächeln, was er im Nachfolgenden liest. Denn es ist ein großer Unterschied, ob man nur ein oder zwei Jahre seines Daseins auf der Grünen Insel verbracht hat – oder zehn Jahre. Für vieles, was einem am Anfang des »Ausstiegs« wichtig erschien, ergibt sich im Lauf der Zeit eine andere Betrachtungsweise. Auch spielt die Umgebung, in der man wohnt, eine große Rolle. Mit anderen Worten: Es gibt keine Patentrezepte und schon gar keine für jeden einzelnen Fall zutreffenden Spielregeln, nach denen alles abzulaufen hat.

Vor allem ändern sich die Verhältnisse gegenwärtig sehr. Irland befindet sich im Umbruch, und das schafft Unsicherheiten und Irritationen in vielen Bereichen. Mehr oder weniger gern adaptierte Neuerungen und Überliefertes überschneiden sich mannigfach. Wenn in Ihrem Fall also manches anders abläuft als im Folgenden beschrieben, so liegt das weniger an mangelnder Sorgfalt bei der Recherche zu diesem Buch, sondern am »irischen System«.

Umzug: Planung, Formalitäten, Kosten

Ihre Entscheidung ist gefallen, und der Zeitpunkt, an dem Sie Ihr neues Domizil beziehen werden, ist fixiert. Ganz gleich, ob Sie vorhaben, in Irland zunächst nur ein paar Ferienwochen im Jahr zu verbringen, oder ob Sie planen, dort Ihren Festwohnsitz einzurichten: Der Aufwand bei Ihrer Übersiedlung ins Ausland ist in beiden Fällen weitgehend der gleiche. Bedenken Sie, dass ein Umzug auf Raten teurer wird als ein sorgfältig geplanter Komplettumzug.

Bei Dingen, die es für Ihr neues Domizil neu anzuschaffen gilt, sollten Sie abwägen, was in Ihrem Heimatland besser oder günstiger zu bekommen ist als in Irland. Die Aufstellung sollte wirklich alles umfassen, womit Sie Ihr Anwesen ausstatten wollen, vom Geschirr bis zum Bettzeug, vom Fahrrad bis zum Rasenmäher. Wenn Sie die Liste am Ende zusammenstreichen, weil eine Anschaffung in Irland in manchen Fällen sinnvoller ist als der Kauf zu Hause (plus Transport), spart Ihnen dies Umzugskosten. Der Lademeter von Frankfurt am Main nach Cork beispielsweise wird von deutschen Speditionen mit durchschnittlich 550 Euro berechnet; hinzu kommen Kosten für eventuell notwendige Demontagen größerer Möbelstücke, für die Gestellung von Kartons sowie Gebühren für die Fähren.

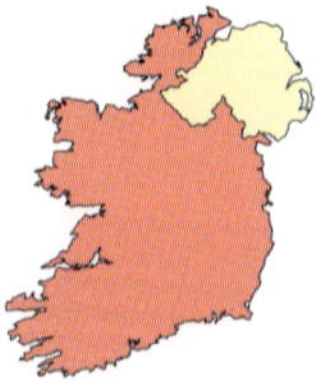

Privates Umzugsgut, das Sie von Deutschland nach Irland schaffen lassen, unterliegt keinerlei Anmeldepflicht an den Grenzen. Da innerhalb der EU-Länder ohnedies Zollfreiheit herrscht, können Sie hinüber und herüber transportieren, was immer Sie wollen.

Aber es gibt auch für den Warenverkehr innerhalb der EU-Länder ein paar Ausnahmen von den Freizügigkeitsregeln. Sie betreffen beispielsweise Jagd- und Sportwaffen.

Die Formalitäten bei der Inanspruchnahme eines Umzugsspediteurs beschränken sich nach der Prüfung verschiedener Angebote auf die Erteilung des formellen Auftrags, das Zusammenstellen der Stückliste (mehrfach ausfertigen), den Abschluss einer Versicherung (Sache des Spediteurs) und die Abstimmung aller Termine. Dann werden die Leihkartons bestellt und das Datum für die Abschiedsparty angesetzt ...

Natürlich können Sie sich einen Lkw mieten und den ganzen Job selber erledigen. Nur müssen Sie den gemieteten Dreieinhalbtonner wieder nach Deutschland zurückfahren und dort abgeben; ausländische Stationen nehmen nur Personenwagen im one-way-System zurück und berechnen dafür auch meist eine Extragebühr. Rechnen Sie aus, was Sie sechs bis zehn Lkw-Leihtage kosten werden, vergessen Sie die Spritkosten, die Autobahngebühren bei der Frankreich-Durchfahrt und andere Spesen (Fährenticket, Übernachtungen unterwegs) nicht, ebenso wenig die Rückfahrt Deutschland–Irland nach der Fahrzeugrückführung, denken Sie auch an Ihren gesamten Zeitaufwand, an den zu erwartenden Muskelkater, an die Bezahlung von Hilfskräften beim Be- und Entladen – und vergleichen Sie all das am Ende mit den Kosten, die beim Einschalten einer Speditionsfirma entstehen. Selbst bei einer kleineren Menge Umzugsgut dürfte es sich lohnen, die Sachen einem professionellen Transportunternehmen anzuvertrauen.

Einrichten und Wohnen

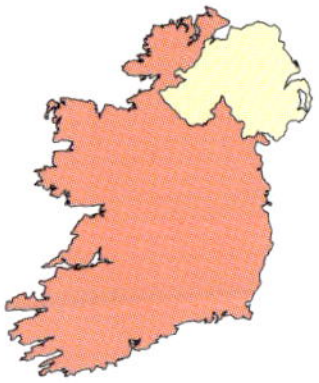

Wer bereits einige Male zu Gast bei Familien in Irland gewesen ist, wird festgestellt haben, dass dort eigentlich nur zwei Arten von Wohnungseinrichtungen vorherrschen, die sich mit nur geringen Abweichungen wiederholen. Da sind einmal die wohlhabenden Bürger, die ihre Häuser mit antikem, wertvollem Mobiliar bestückt haben, meist aus vorväterlicher Erbmasse und mit der Patina der guten alten Zeit. Die Decke zieren schwarze Holzbalken, in den Kaminen liegt dekorativ verkohltes Feuerholz, auf der Anrichte stehen Gläser aus Waterford. Einige Möbelstücke könnte man vielleicht als pseudo- und neo-antik bezeichnen. Das Wohnen mit klassischen oder zumindest nostalgischen Komponenten, mit Kitsch und Nippes ist in Irland ebenso beliebt wie in England.

Die zweite und weitaus größere Gruppe richtet sich »modern« ein – oder vielmehr in der Art, wie wir Kontinentaleuropäer es vor 30 oder 40 Jahren als modern bezeichnet hätten. Hier beherrschen Kiefernholz- oder Spanplattenmöbel mit Kunststoff-Furnieren die Wohnlandschaft. Fußbodenbeläge aus Pegulan und Polstermöbel mit abwaschbaren Bezügen sind natürlich sehr viel billiger, und das gibt bei jüngeren Menschen den Ausschlag. Für den Begriff »Wohnkultur« sollte man gar nicht erst nach einem englischen, geschweige denn irischen Pendant suchen. Es gehört nun einmal zur Lebensart auf der Grünen Insel, sich auch in dieser Richtung zu bescheiden.

Zur Ehrenrettung der irischen Innenarchitekten wäre noch eine dritte Gruppe von Inselbewohnern zu nennen. Ihnen gebricht es weder an Geschmack noch an den finanziellen Mitteln, ihre Heime so auszustatten, wie es die Lifestyleblätter so gern zeigen. Die Gilde der Möbel- und Interieurdesigner hat auch in Irland etwas mehr zu bieten als Plüschsessel, künstliche Kaminfeuer und Flohmarkt-Schnickschnack. Nur kostet es etwas mehr Geld, einer Wohnung jenen unnachahmlichen Landhaus-Charme zu verleihen, wie man ihn im Laura-Ashley-Katalog findet. Diese Kataloge stellen eine einzige Verführung dar (wobei anzumerken wäre, dass sich die Einrichtungsbranche zunehmend auf die Angabe aller Maße in Zentimetern statt Zoll umstellt).

Nostalgisch: Auch bei der Inneneinrichtung wird Tradition in England großgeschrieben.

In Anbetracht der hohen Preise für gute Möbel in Irland macht es Sinn, sie aus Deutschland mitzubringen. Vergleichen Sie einmal die Angebote in Fachgeschäften (dank Euro ist dies leichter denn je).

Elektrisches

Den Strom liefert in Irland normalerweise das *Electricity Supply Board* ins Haus (ESB). Da es aber laut EU-Verordnung auch auf dem Energiesektor einen Wettbewerb geben soll, habe sich in Irland inzwischen andere Stromlieferanten etabliert. Der Energiebedarf steigt permanent, Atomstrom (*nuclear power*) gibt es nicht, dafür aber sieben große Wasserkraftwerke, die gut 15 Prozent der Versorgung wahrnehmen.

In allen Regionen der Insel unterhält das ESB Vertretungen, bei denen man auch Anträge auf Neuanschluss (für einen Neubau) oder auf Umschreibung eines bestehenden Abnehmervertrages stellt. Bei Mietern eines Objekts verlangt man die Hinterlegung eines Sicherheitsbetrages oder die Einzugsermächtigung (*direct debit*) von einem Bankkonto in Irland.

Ein Second-hand-Laden, wie es ihn in vielen kleinen Städten Irlands gibt. Es darf gehandelt werden!

In Häusern, die älter als 25 Jahre sind, findet man häufig Leitungen und Schalter, die heutigen Sicherheitsansprüchen keineswegs genügen. Hier ist eine Neuinstallation der ganzen Anlage oft unumgänglich. Darauf bestehen auch Hypothekengeber, wenn man ihre Dienste in Anspruch nimmt. Wurde ein Haus über einen Zeitraum von sechs Monaten oder länger nicht bewohnt, wird das ESB bei einem Bezug durch einen Besitzer oder Mieter auf einer Neuabnahme der gesamten Anlage bestehen.

Die Stromspannung beträgt in Irland 230 Volt. Elektrogeräte muss man nicht unbedingt in Irland kaufen. Die Qualität ist oft nicht besonders gut. Preiswerte, aus Deutschland importierte Markengeräte sind meist besser, nur muss man sie auf dreipolige Stecker umrüsten. Die Erdung ist vor allem bei Herden, Heizgeräten, Boilern, usw. vorgeschrieben. Nur kleinere, wenig Strom verbrauchende Geräte und Lampen sind zweipolig. Viele Glühlampen haben eine Bajonettfassung; der Gewindesockel ist weniger verbreitet.

Ein Neuanschluss kostet in Irland mindestens 800 Euro; je nach Entfernung von der Hauptverteilerstation kann sich der Betrag aber verdoppeln. Gehen Sie nicht das Abenteuer ein, die Installationen in Ihrem Haus selbst vorzunehmen: Das ESB verlangt eine Abnahme durch einen eingetragenen Elektroinstallateur (*Register of Electrical Contractors*), und der könnte Ihnen Schwierigkeiten machen, wenn Sie es versäumt haben, sich mit ihm rechtzeitig »kurzzuschließen« Selbst wenn sich seine Maßstäbe hinsichtlich der Verlegung von Leitungen und des Systems der Schalter (mit denen man die Stromzufuhr zu einer Steckdose auch individuell unterbricht) heute noch immer sehr von dem unterscheiden, was wir auf dem Kontinent gewöhnt sind.

Zu jeder Anlage gehört ein Zähler (*meter*), der wie die Sicherungen üblicherweise in einem Kasten im Treppenhaus oder im Hausflur steckt. Die Abrechnung wird alle zwei Monate vorgenommen; dabei wird eine monatliche Grundgebühr von 5,30 Euro pro Haushalt erhoben. Die Kilowattstunde (*unit*) berechnet das ESP mit knapp 10 Euro. Günstige Nachtstromtarife helfen Haushaltsgeld sparen.

Stromrechnungen sind innerhalb von 14 Tagen zu zahlen. Für den Fall Ihrer längeren Abwesenheit ist es unbedingt ratsam, dem ESB eine Einzugsermächtigung zu erteilen, und damit der Ableser Zutritt zum Zähler hat, während sie fort sind, sollten Sie einem Nachbarn den Hausschlüssel anvertrauen.

Heizung

Energie zu sparen, war bis vor kurzer Zeit kein dominantes Thema in Irland. Doppelt verglaste Fenster kennt man noch nicht allzu lange. Die üblichen, vertikal zu öffnenden Schiebefenster älterer Bauart sind oft zugig, haben dadurch aber den Vorteil einer permanenten Luftzirkulation. Doch es muss ja schließlich auch geheizt werden, und gerade bei Häusern, die über längere Zeiträume nicht bewohnt werden, ist die Konstanz einer Minimal-Raumwärme vor allem während der kalten Jahreszeit ein wichtiges Thema.

Geheizt wird in Irland auf die unterschiedlichste Art und Weise. Holz und Torf spielen auf dem Lande noch eine gewisse Rolle, doch Holz ist knapp und Torfqualm stinkt. Also sind die anderen Alternativen gefragt: Strom, Öl und Gas.

Elektroheizungen bestehen in der Regel aus Nachtspeicheröfen, die effizient und im Betrieb relativ preisgünstig sind. Man zahlt bei Nutzung von Nachtstrom (23:00 bis 8:00 Uhr im Winter) nur 1 Euro monatliche Grundgebühr und 3,85 Euro pro Kilowattstunde.

Immer noch heizen die meisten irischen Haushalte aber mit Gas. Das *Bord Gáis Eireann*, wie die Versorgungsgesellschaft heißt, ist überall in Irland vertreten und installiert auch die Anschlüsse. Es wird nach Kilowattstunden abgerechnet, der Tarif beträgt 2,25 Euro pro kw/h. Ein mittelgroßes Haus zu wärmen, schlägt mit weniger als 1,50 Euro pro Tag zu Buche. Auch ist die Heißwasserbereitung und das Kochen mit Gas billiger als mit Strom. Gasherde und Gasöfen sind obendrein preiswerter als entsprechende Elektrogeräte; für einen guten Gasofen zahlt man nicht mehr als 150 Euro. Ein Elektro-Nachtspeicherofen vergleichbarer Abstrahlung kostet mindestens das Dreifache. Meist bevorzugen ihn Besitzer kleinerer Ferienhäuser.

Wo das Leitungsnetz des Bord Gáis nicht hinkommt, tritt die Calor Gas Ltd. in Aktion. Auch sie unterhält Büros in allen Landesteilen. In ihre Zuständigkeit fällt die Belieferung der Haushalte (und Kleinbetriebe) mit Flaschengas und die Befüllung stationärer Tanks. Üblich sind Tanks von 1250 Liter Kapazität; für ihre Installation berechnet Calor rund 235 Euro und für die Wartung pro Jahr 75 Euro. Der Liter Flüssiggas kostete Anfang 2001 etwa 32 Cent. Bei der Verwendung kleiner Nachfüllflaschen zu 11 oder 34 kg ist die Befüllung teurer. Günstigere Tarife bietet Calor Haushalten an, die sich von ihr auch einen Heißwasserboiler installieren lassen.

Mit Öl zu heizen, ist in Bezug auf die laufenden Kosten nur unwesentlich teurer (Stand Jahresanfang 2002) als mit Gas oder Strom, dennoch in Irland weniger verbreitet. Schon wegen der aufwändigen Installation eines Öltanks und der Unwägbarkeiten der Preisentwicklung auf dem Weltmarkt.

Wasser und Abwasser

Die Iren bezeichnen die Trinkwasserversorgung ihrer Haushalte und die Qualität ihres Wassers als sehr gut. Wer ein Haus kauft oder ein Grundstück, um eins darauf zu errichten, tut dennoch gut daran, eine Prüfung vorzunehmen. *Water supply* obliegt in Irland den regionalen oder örtlichen Verwaltungsträgern; die Versorgung ist kostenlos. Auf eine Wasseruhr lässt sich also verzichten. Nicht aber auf eine ordentliche Installation der Anschlüsse. Sie ist eine Angelegenheit des örtlichen Klempners oder Ihrer handwerklichen Geschicklichkeit. Nur muss der Hauptanschluss von den lokalen Behörden hergestellt werden, und das kann zwischen 100 und 700 Euro kosten, je nachdem, in welcher Gegend sich Ihr Objekt befindet. Hat das Haus, das Sie kaufen wollen, bereits einen Anschluss, kommen Sie ohne weitere Zahlungen davon.

Auch fürs Abwasser zahlt man in Irland keine Gebühren. Große und kleinere Städte entsorgen das Abwasser in Kläranlagen; auf dem Lande sind Versitzgruben üblich. Sie regelmäßig zu entleeren, ist Sache des Grundstückseigentümers. Den Service besorgen Privatfirmen oder die örtliche Gemeinde.

Müllabfuhr

Die Müllabfuhr ist in Irland eine Angelegenheit der Gemeindeverwaltungen. Bemerkenswerterweise werden die Kosten hierfür in vielen Städten aus dem Gemeindesäckel bezahlt; aber auch 40 Euro pro Anwesen und Jahr – soviel kostet die *refuse collection* andernorts – sind eine vergleichsweise geringe Gebühr. In abgelegenen Gegenden gibt es aber überhaupt keine Müllabfuhr; hier muss jeder selbst sehen, wie er seine Abfälle los wird. Seit es aber selbst in kleinsten Dörfern Sammelcontainer für Plastikabfälle und Glas gibt, hat auch der »Robinson« eine Chance, seine Verpackungsgebinde korrekt zu entsorgen.

Bankwesen, Geldtransfer

Angenommen, Ihre Pläne für den Erwerb einer Immobilie verlaufen Ihren Vorstellungen entsprechend. Doch noch bevor Sie die erste Unterschrift auf irgend ein Formular oder Dokument setzen, sollten Sie über ein Girokonto in Irland verfügen, um finanzielle Transaktionen vom Heimatland aus komplikationslos durchführen zu können.

Ein Konto zu eröffnen, ist in Irland kein Problem. Es genügt, den Pass vorzulegen und eine Wohnadresse anzugeben, die nachweisbar erkennen lässt, dass Sie ein *residential* sind (Strom- oder Telefonrechnung auf Ihren Namen). Falls Sie

Geldautomaten (cash dispensers) findet man in Irland selbst in kleinen Dörfern.

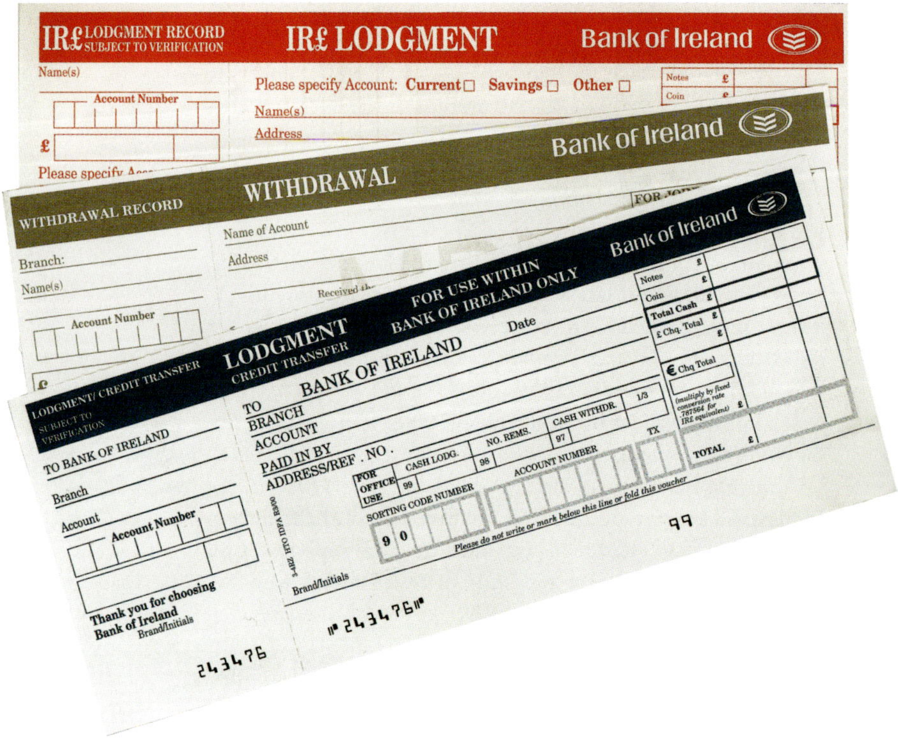

Um in Irland ein Bankkonto zu eröffnen, genügen Pass oder Ausweis sowie ein Dokument, aus dem Ihre Wohnadresse im Gastland ersichtlich ist.

»nur« als Arbeitnehmer und für einen befristeten Zeitraum nach Irland gekommen sind, wird man Sie bei der Kontoeröffnung auch um eine Kopie Ihres Arbeitsvertrages bitten. Um eine Bankreferenz von Ihrem Heimatland (*bank reference*) könnte ebenfalls gebeten werden – in englischer Sprache.

So lange Sie noch keine offizielle eigene Adresse haben, akzeptiert man auch die c/o-Anschrift bei einer einheimischen Person, über die Sie erreichbar sind. Die aber sollte bei der Kontoeröffnung persönlich zugegen sein. Eine Mindesteinzahlung ist nicht erforderlich. Bevor Sie über einen Überziehungskredit verhandeln, sollte Ihr Konto erst einmal einige Monate lang regelmäßige Einkünfte verbuchen. Vorher wird man Ihnen auch keine Kreditkarte zugestehen.

Besitzer eines Postsparbuches konnten einst an jedem

Postschalter überall in Europa Abhebungen (in der jeweiligen Landeswährung) vornehmen. Diese Zeiten sind seit 1999 vorbei. Das Postsparbuch im neuen Millennium ist eine Scheckkarte (»SparCard«), mit der man im In- wie im Ausland nicht am Postschalter, sondern an jedem Geldautomaten, der das Visa-Plus-Zeichen trägt, Geld abheben kann. Im Ausland ist diese Art der Bargeldbeschaffung um 1 bis 2 Prozent günstiger als per Bank-, Visa- oder Eurocard.

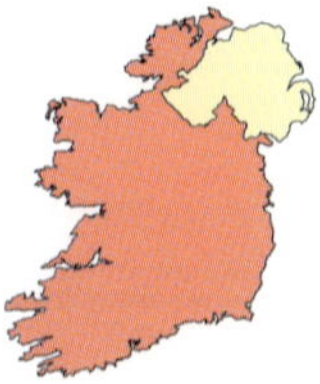

Direktüberweisungen von Ihrem Bank- oder Postbankkonto zu Hause auf ein Konto in Irland dauern erfahrungsgemäß nicht mehr so sehr lange wie einst, höchstens fünf bis sieben Arbeitstage. Aber nach wie vor werden hohe Transfergebühren berechnet.

Wer den Weg der Barabhebung größerer Summen von seinem Konto in Deutschland und der anschließenden Einzahlung auf ein Konto im Ausland wählt, sollte den Betrag an der Grenze deklarieren und sich die Einfuhr durch die britischen Grenzbehörden bestätigen lassen. Den Auszahlungsbeleg Ihrer Bank daheim haben Sie gewiss bei sich. Weiter vorn wurde bereits dargelegt, dass der Transfer größerer Beträge längst keine Privatangelegenheit mehr ist.

Bei Überweisungen ins Ausland können die anfallenden Spesen entweder zu Lasten des Einzahlenden gehen (OUR-Regelung) oder zu Lasten des Begünstigten (BEN). Trägt der Überweisende den Gebührenteil seiner Bank und der Begünstigte die übrigen Entgelte, nennt man dies eine Share-Überweisung. Beim Einreichen von Schecks erhält man stets den Nominalwert ausbezahlt, die Gebühren werden dem ausstellenden Konto belastet.

Kontobewegungen vollziehen sich in Irland wie woanders auch. Für alles gibt es genormte Zettelchen und Formblätter, und die Auszüge holt man sich am Schalter ab, falls man auf die Zustellung per Post verzichtet. Geldautomaten zum Bezug von Barem befinden sich in fast allen Bankhallen oder an den Fassaden der Gebäude. Pro Automatenabhebung wird Ihr Konto, sofern es bei einer ausländischen Bank geführt wird, mit 5 bis 8 Euro belastet; ist es ein Konto in Irland, sind die Gebühren minimal. Daueraufträge heißen *standing orders*, und die Abbuchung vom Konto durch Dritte nennt man *direct debit*.

Das Kürzel APR (bei Krediten) bedeutet *annual percentage rate* = effektiver Jahreszins.

Die Bezahlung mit der Scheckkarte, mit Visa- oder Mastercard wird auch in Irland mehr und mehr zur Gepflogenheit. Selbst kleine Geschäfte akzeptieren Kartenzahlung. Die Kreditkarten vieler Banken sind mit Zusatznutzen verbunden, z. B. Flugmeilen-Boni oder Rabatten beim Einkauf in bestimmten Kettengeschäften.

Geöffnet haben die Banken in der Regel montags bis freitags von 9:15 bis 16:45 Uhr durchgehend. Einige Zweigstellen halten an manchen Tagen ihre Schalter länger offen. Bereiten Sie sich auf längere Wartezeiten vor: An jedem Schalter steht eine Warteschlange, die sich nur langsam fortbewegt.

Geldautomaten finden Sie selbst in kleinsten Ortschaften. Die Geräte heißen *cash dispensers* oder auf gut Amerikanisch *Automatic Teller Machines* (ATM) und akzeptieren alle üblichen Karten. Solange jedenfalls Ihre Konten genug Deckung aufweisen.

Auslandsvermögen

Mit der Einführung des Euro ist der europaweite Geldverkehr noch transparenter geworden als er ohnehin schon war. Viele Besitzer eines Bankkontos außerhalb ihres Heimatlandes waren (und sind) der irrigen Ansicht, dass es keine Kommunikation zwischen den Finanzbehörden der einzelnen Länder gebe und somit auch Guthaben und Bewegungen auf Konten im Ausland, dort deponierte Anlagen und durchgeführte Finanztransfers dem heimischen Fiskus verborgen blieben. Falsch. Spätestens, seit es in jedem Land der Europäischen Gemeinschaft »Geldwäschegesetze« gibt, kann sich jedes Finanzamt, jeder Steuerfahnder Zugang zu Informationen verschaffen, die Auslandsguthaben betreffen.

Money Laundering ist seit 1994 auch in Irland strafbar. Banken, Postbanken, Kreditinstitute und auch Baugesellschaften sind angehalten, bei der Entgegennahme von Barbeträgen von mehr als 12.000 Euro nicht nur auf einer Erfassung der Personaldaten des Einzahlers zu bestehen, sondern dessen Identität und den Zahlungszweck bzw. den Namen des Begünstigten auch der Zentralbank mitzuteilen. Vor allem beim grenzüberschreitenden Geldverkehr sind die Finanzbehörden wachsamer als je zuvor. Wer auf die Frage eines Zollbeamten, die Höhe mitgeführter Barbeträge betreffend, falsche Angaben macht und bei einer eventuellen Nachkontrolle der Unwahrheit überführt wird, muss nicht nur mit einer Ordnungsstrafe rechnen, sondern ist obendrein das Geld los. Bei höheren Beträgen erfolgt automatisch eine Meldung an den Fiskus.

Handwerker, Dienstleistungen, Hilfskräfte

Ob Neubau oder Renovierung eines alten Hauses: Sie sind mit Sicherheit auf Handwerker und Hilfskräfte angewiesen. Einen Installationsservice oder einen Schreiner nennt Ihnen sicher Ihr Grundstücksnachbar, und auch alle anderen Dienstleistungen werden wie in Deutschland angeboten, zu vergleichbaren Konditionen – und im Glücksfall mit letztlich vergleichbaren Erfahrungen.

Auf dem Lande ist daher Selbsthilfe angesagt. Denn hier sind Spezialisten erst recht schwer zu bekommen. Auf manche dienstbaren Geister warten Sie mitunter wochen- oder gar monatelang. Strikt eingehaltene Terminzusagen sind eher die Ausnahme als die Regel. Manchmal erfährt die Arbeit eine Unterbrechung aus Gründen, die Ihnen schleierhaft sind und bleiben. Mit den absurdesten Argumenten wird man Ihnen zu erklären versuchen, warum selbst einfachste Operationen nicht ausgeführt wurden, oder warum die eine oder andere Arbeit zu erledigen schlichtweg unmöglich ist. Manchmal hilft eine kräftige Anhebung des ausgemachten Lohns (zahlbar aber erst nach Abschluss aller Arbeiten!) oder die bitter weinende Hausfrau, wenn sie darlegen kann, dass sie nicht einmal mehr Tee, geschweige denn eine Mahlzeit kochen kann (weil zum Beispiel Gas, Wasser oder Strom nicht verfügbar sind).

Andererseits werden auch Handwerkerrechnungen oft erst mit monatelanger Verzögerung ausgestellt – ein fairer Ausgleich.

Noch bewegen sich die Löhne für Handwerker auf niedrigerem Niveau als bei uns. Selbst ein guter Spezialist berech-

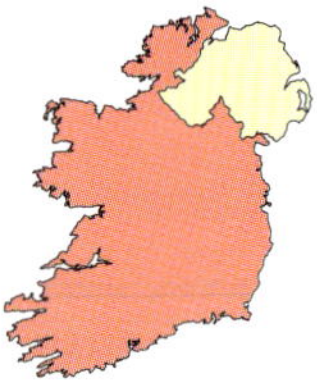

net nicht mehr als 12 bis 15 Euro für die Stunde. Hilfskräfte pflegt man mit 6 bis 7 Euro zu bezahlen, und für Freundschaftsdienste auf dem Lande – Sohn des Nachbarn hilft im Garten, seine Schwester jobt als Babysitter – tut es ein Stundenlohn von 4 bis 5 Euro. Das heftige Sträuben, ein Entgelt für Hilfeleistungen anzunehmen, sollten Sie nicht ernst nehmen: Selbstverständlich erwartet der Helfer eine Bezahlung!

Die genannten Anhaltspunkte sind allerdings »Landpreise«; in größeren Städten liegt das Niveau um 50 bis 100 Prozent höher.

Ratsam ist, auf importierte Arbeitskraft, so sehr sie auf deutschen Großbaustellen gang und gäbe ist, zu verzichten. Trotz des manchmal an Arbeitsverweigerung grenzenden Verhaltens lokaler Kräfte. Denn wer sich zum Hausbau seine Maurer, Zimmerleute, Stuckateure, Fliesenleger, Dachdecker und Elektriker aus der Heimat mitbringt, darf sich nicht wundern, wenn die lokalen Vertreter dieser Zünfte bei später anfallenden Reparaturen oder Nachbesserungen nicht viel Lust verspüren, solche Aufträge abzuwickeln. Schon bei der Abnahme wird es zu Schwierigkeiten kommen. Auf diese Weise erklären sich natürlich eine ganze Anzahl der gern kolportierten Abenteuer, die man über die Begegnung mit irischen Handwerkern hört.

Sie handeln also klug, wenn sie einheimische Arbeitskräfte beauftragen und so Ihr Wissen um landestypische Branchengepflogenheiten – positive wie negative – anreichern. Viele Männer der Bauzünfte sind besser als ihr Ruf. Wer aber alte Vorurteile kultiviert und auch noch provokative Sprüche klopft wie »auf Vordermann bringen« (*make you toe the line*) oder »jetzt mal etwas dalli-dalli« (*get a move on*), wird damit nicht den geringsten Erfolg haben. Brühen Sie lieber mal unaufgefordert eine Kanne Tee auf (kann Wunder bewirken) und sagen Sie einmal mehr als notwendig *thank you* oder auf gut Gälisch *go raibh maith agat.*

Eigenwillig: Das ist tatsächlich ein Briefkasten und kein Hydrant.

Jedermann hat dafür Verständnis, wenn Sparsamkeit demonstriert wird. Selbsthilfe oder die Inanspruchnahme guter Freunde, die beim Hausbau helfen, sind überall üblich. Aber es kann einem auch ein hoher Grad an Geiz nachgesagt werden, wenn die Ehefrau beim Betonmischen mit anpackt (»die arme Frau – ihr herzloser Kerl spart doch wirklich an der Beschäftigung eines Arbeiters!«) – und gleichzeitig Verschwendungssucht, wenn sie es nicht tut (»Er leistet sich einen Betonmischer! Der Mann muss zuviel Geld haben ... der Frau das Leben so leicht zu machen, ist doch purer Luxus ...«).

Do it yourself

Eines werden Sie als Besitzer eines Hauses, das instand zu setzen ist, in Irland bald feststellen: In diesem Land findet der Do-it-yourselfer sehr viel weniger Baumärkte als bei uns. Nur im Einzugsbereich großer Städte gibt es in den Gewerbegebieten solche Geschäfte großer Handelsketten, zum Beispiel Woodys oder Treacys. Der lokale Baustoffhandel ist im Durchschnitt längst nicht so reichhaltig sortiert wie bei uns. Einschlägige Geschäfte sind bestens Eisenwarenhandlungen (*home value hardware*) zu nennen, wie wir sie von früher her kennen, mit Abteilungen für Hunde- und Fischfutter, Fahrrad- und Rasenmäherzubehör sowie einer kleinen Auswahl an Gartenwerkzeugen.

Wenn Sie also daran gehen, ein Haus einzurichten, auszubauen oder zu renovieren, kann es ratsam sein, an Ort und Stelle eine Materialaufstellung anzufertigen und all das, was Sie benötigen, bei Ihrer aller Wahrscheinlichkeit durch Frankreich führenden nächsten Reise nach Irland in einem Brico-Markt in der Normandie einzukaufen. Die großen französischen Heimwerkermärkte sind enorm reichhaltig bestückt und führen Artikel, die in ein Haus in Irland besser passen als vergleichbare Artikel aus Deutschland. Die Preise sind in Frankreich nicht (oder kaum) höher, zumindest können Sie seit der Einführung des Euro leichter vergleichen. Und Zollprobleme gibt es bekanntlich auch nicht mehr.

Post, Telekommunikation, Fernsehen, Internet

Postwesen

Wenn Sie ein Postamt der *An Post* aufsuchen möchten, dann bitte nicht vor 9:00 Uhr, und von 13:00 bis 14:00 Uhr ist Mittagspause. Um 17:30 Uhr werden die Schalter wieder geschlossen. Die Warteschlangen sind manchmal die gleichen wie in der Bank. Postagenturen in Geschäften, wie man sie in kleineren Städten oder in Dörfern findet, haben mitunter ihre eigenen, individuellen Öffnungszeiten.

Die Postzustellung Irlands rühmt sich zwar wie die unsere, Briefe innerhalb von 24 Stunden zuzustellen (was ja auch nur eine unverbindliche Absichtserklärung darstellt), in der Praxis sieht es bei normalen Briefen jedoch anders aus. Aber Sie können durch einen 1st-Class-Aufkleber (und höheres Porto) die Zustellung beflügeln. *Swiftpost* wird sogar am nächsten Tag bis 12.30 Uhr zugestellt. Übrigens kennt man in Irland (noch) keine Postleitzahlen. Um so wichtiger aber ist es, bei Adressen in Dublin die 1, die 2 oder welche Distriktzahl auch immer hinzuzufügen.

Es gibt bei der *An Post* eine ganze Reihe von Dienstleistungen, die gerade den Einsiedlern abseits der Zustellbereiche nützlich sind. Das reicht vom Postfach (*Private Box*) über das Selbstabholen der Post vom zuständigen *Post Office* (*Callers Service*) bis zum Aufbewahren von Sendungen für den Fall, dass Sie längere Zeit abwesend sind (*Mail Retention*). Postlagernde Sendungen (*Poste Restante*) bleiben drei Monate in Wartestellung.

Die Post ist irisch-grün – und dieser Briefkasten wird sogar am Sonntag geleert.

In vielen kleineren Ortschaften und in Dörfern hat man die Postämter abgeschafft und – ähnlich wie bei uns – Postagenturen in noch existierenden Tante-Emma-Läden und Drugstores installiert. Damit ist das Netz der Poststellen in Irland noch immer sehr engmaschig. Briefmarken bekommt man auch in Zeitungsgeschäften, in manchen Supermärkten und in *Corner Stores*. Meist sind es in Heftchen zusammengefasste Markengruppen für verschiedene Frankierungen. Sendungen, die ins

Ausland gehen, bekommen entweder einen grünen Aufkleber (*economy*) oder einen blauen (*priority*). Über die facettenreichen Portokategorien informiert Sie ein Merkblatt der Postbehörde. Sendungen im Bereich der EU-Länder, zu denen Irland ja ebenfalls gehört, unterliegen keinerlei Zollformalitäten.

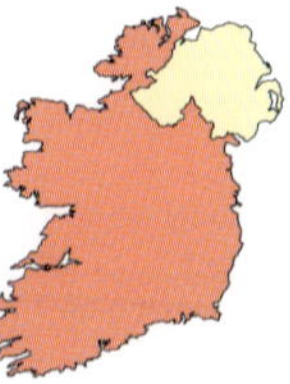

Kurierdienste wie UPS und andere haben in der Geschäftswelt in letzter Zeit wachsende Bedeutung erlangt. Ihre Tarife sind nicht ganz billig, aber sie garantieren für hohe Zuverlässigkeit und rasche Zustellung. Das zählt in Ländern wie Irland doppelt.

Telefonieren

Telefonieren ist in Irland noch immer ein preiswertes Vergnügen. Einen festen Telefonanschluss erhalten Sie nach Antrag bei der *Irish Telecom* (*Telecom Eireann* oder kurz TE) in knapp zwei Wochen. In sehr abgelegenen Gegenden kann das aber auch vier bis sechs Wochen dauern, auf Inseln bis zu einem Vierteljahr. Es gibt immer wieder Sonderangebote, mit denen man Neukunden für Festanschlüsse wirbt – und im Zeitalter des Mobiltelefons sind solche Aktionen auch nötig. Um einen bestehenden Anschluss zu übernehmen, genügt eine formlose Mitteilung an die TE unter Angabe des neuen Teilnehmers und dessen Kontonummer. Weitere Telefongesellschaften sind die TCL und die hauptsächlich im Mobilfunk aktive ITL. Der Wettbewerb trug, wie auch bei uns, zu einer Senkung der Gebühren bei.

Ziehen Sie als Mieter in ein Haus oder eine Wohnung mit bestehendem Telefonanschluss ein, der künftig auf Ihren Namen lauten soll, so kann die TE einen Betrag als Depot verlangen. Fixieren Sie das genaue Datum der Übernahme und stellen Sie sicher, dass es keine unbeglichenen Telefonrechnungen gibt, sonst sind Sie es, der sie bezahlen muss.

Die einmalige Anschlussgebühr beläuft sich auf 125 Euro, für die Übernahme eines bestehenden Anschlusses kassiert man 45 Euro.

Die Gebühr für einen Festanschluss beträgt 15 Euro pro Monat, für das Gerät werden monatlich 1,70 Euro berechnet. Die Fernsprechrechnung wird dem Teilnehmer nur alle zwei Monate zugestellt. Die Gebühren pro Einheit betrugen im Januar 2002 einschließlich Mehrwertsteuer 14 Cent. Wie in anderen Ländern, gibt es reduzierte Tarife für Gespräche in Abend- und Nachtstunden, an Sonn- und Feiertagen; 10 Minuten (Inland) kosten im besten Fall nicht mehr als eine Gebühreneinheit. Für ein 3-Minuten-Auslandsgespräch werden nach 18 Uhr nur 40 Cent berechnet. Relativ teuer sind lediglich Gespräche vom Festnetz zu einem Mobilnetz: Für die ersten drei Minuten zahlt man 2,68 Euro.

Sehr beliebt ist das Telefonieren von Telefonzellen aus, die in Irland weitaus häufiger zu finden sind als bei uns. Und sie sind überwiegend intakt. Meist stehen zwei Häuschen nebeneinander: Eins mit einem Apparat für Münzen, eins mit einem Kartentelefon. Übrigens gibt es *Global Telecards* zu kaufen, die das Telefonieren ins Ausland besonders günstig machen, aber sie funktionieren eben nur für Auslandsgespräche.

In Städten und größeren Orten wie Dublin, Clonmel, Kilkenny, Waterford usw. finden Sie *Telecentres* der Telecom Eireann, die alle Kundendienstleistungen bieten.

Mobiltelefon

Jeder fünfte Einwohner verfügt in Irland über einen Mobilanschluss. Vor allem die jüngere Generation hat sich für die Kommunikation per Handy entschieden. Die Umfrage an einer Secondary School in Dublin ergab, dass die Schüler mindestens vier Stunden am Tag ihr Handy in Betrieb haben und eine SMS nach der anderen versenden. Nur zwei von 130 Schülern verfügten über kein *mobile*, wie das Taschengerät genannt wird.

In zahlreichen *phone shops* erhält man ein *mobile* samt Zubehör gratis, wenn man sich für zwölf Monate als Kunde für eines der Netze eintragen lässt. Die Behörde, die für das Mobiltelefonieren zuständig ist, heißt *Office of the Director of Telecommunications Regulation*, abgekürzt ODTR. Die Tarife sind nicht unkomplizierter als in anderen Ländern, und die Abrechnungssysteme wechseln ständig. Einzelheiten über alles, was mit GSM und Mobilkommunikation zu tun hat, erfahren Sie im Internet unter *www.gmsworld.com*. Nur: Englisch sollte man beherrschen, um zurecht zu kommen.

Die Nummern der Mobildienste in Irland beginnen mit 086 (*Esat Digifone*), 087 oder 088 (*Eircell*).

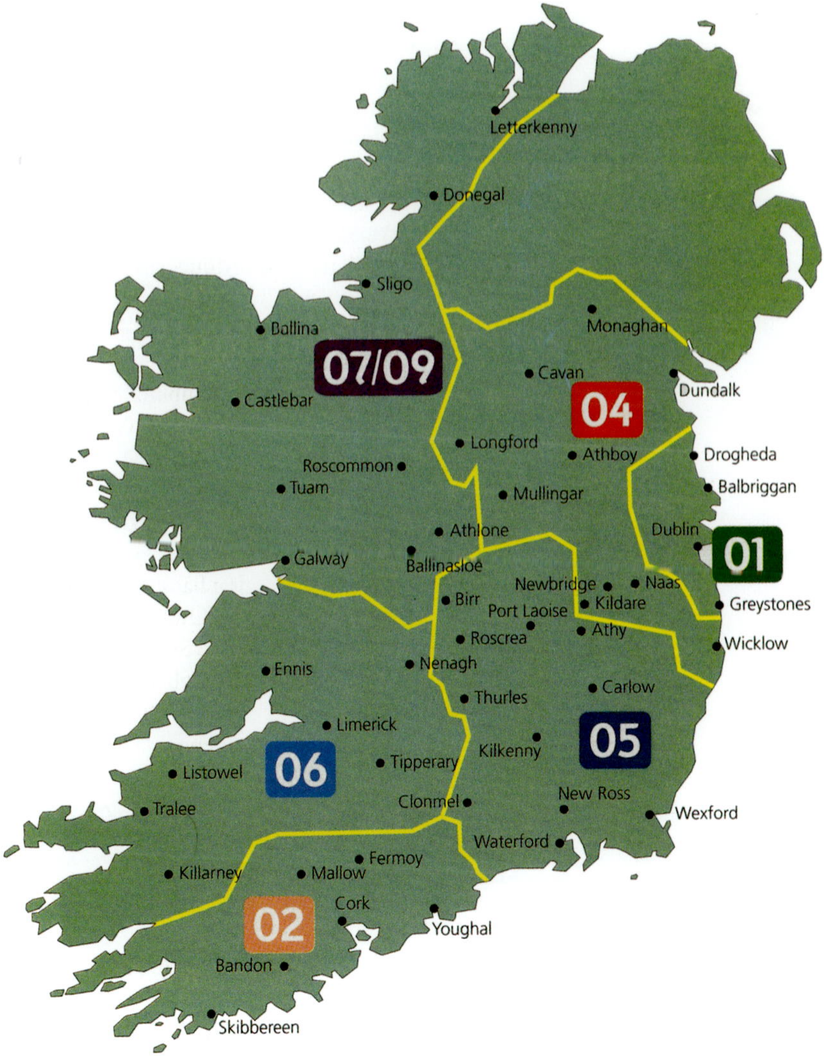

Die Telefon-Vorwahl-distrikte in Irland.

Vorwahlnummern der Städte und Regionen in Irland:

Arklow	0402	Mallow	022
Athlone	0902	Monaghan	047
Balina	096	Mullingar	044
Bandon	023	Naas	045
Bundoran	072	Navan	046
Carlow	0503	Nenagh	067
Castlebar	094	Portlaoise	0502
Cavan	049	Rathluire	063
Clonmel	052	Roscommon	0903
Cork	021	Rosslare	053
Donegal	073	Shannon	061
Drogheda	041	Sligo	071
Dublin	01	Thuries	0504
Dundalk	042	Tipperary	062
Ennis	065	Tralee	066
Enniscorthy	054	Tuam	093
Galway	091	Tullamore	0506
Kilkenny	056	Waterford	051
Killarney	064	Westport	098
Letterkenny	074	Wexford	053
Limerick	061	Wicklow	0404
Longford	043	Youghal	024

Telefax

Ein Faxgerät von zu Hause mitzunehmen, ist nicht unbedingt ratsam. Zum einen kosten diese Geräte in Irland nicht mehr als auf dem Kontinent, zum anderen kann es passieren, dass ein mitgebrachtes Gerät zwar zum Senden, aber nicht zum Empfangen taugt. Das Kompatibilisieren ist teuer, und einen Kundendienst, der Ihr Importgerät betreut oder repariert, werden Sie ebenso wenig finden.

Die **Landes-Vorwahlnummer** für Irland ist 00343; innerhalb des Landes unterscheidet man nach Distrikten. Alle Anschlüsse in Dublin beginnen mit 01, die in Cork und im County Cork beginnen mit 02, die in den östlichen Counties mit 04, die im Südosten mit 05, die im Südwesten und im mittleren Westen mit 06, die im Westen und im Nordwesten mit 08 oder 09. Das Telefonverzeichnis einschließlich aller Faxnummern erhält man auch als CD-ROM, von der TE für 25 Euro angeboten, und es ist auch im Internet aufrufbar. Die Notrufnummern in Irland sind 999 und 112. Übrigens heißen die Gelben Seiten der Branchen-Fernsprechbücher in Irland nicht Yellow, sondern *Golden Pages*.

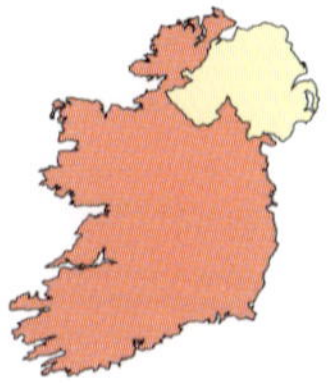

PC und Internet

Der PC gehört in zahlreichen Haushalten Irlands heute zum Standard. Damit setzt sich das Kommunizieren per E-Mail und Internet zunehmend auch im Privatbereich durch, was für die Geschäftswelt natürlich erst recht gilt. In der Anwendung elektronischer Kommunikationsmittel zählt Irland zu den führenden Nationen in Europa. Kaum eine Firma, die nicht eine www.-Adresse im Briefkopf hat (die nationale Kennzeichnung für Irland lautet *.ie*, doch viele sind unter *.com* eingetragen). Und immer mehr private Internetkunden verfügen ebenfalls über eine eigene Website. Das Internet nicht nur zur Unterhaltung, sondern zur Präsentation, Information und Kommunikation zu nutzen, hat sich in Irland ebenso stark durchgesetzt wie in den meisten anderen Ländern Europas.

Vieles, was Sie über Irland erfahren möchten, sei es vorab oder zur Aktualisierung Ihres Wissensstandes, hat die »dotcom«-Industrie auf Mausklick parat. Eine der informativsten Seiten finden Sie unter *www.irland.de*, wobei deren Linkliste eine Fülle weiterer Kontakte vermittelt. Eine wahre Fundgrube für jeden Irland-Liebhaber. Vielleicht ist, wenn Sie dieses Buch in Händen halten, auch die Internet-Homepage *www.visunet.ie* auf den neuesten Stand gebracht worden. Sie enthält ebenfalls eine Menge interessanter Informationen – nur lag die Aktualisierung bislang immer mehr als ein volles Jahr zurück.

Fernsehen

Radio und Fernsehen werden in Irland durch eine öffentlich-rechtliche Gesellschaft ausgestrahlt, die *Radio Telefis Eireann*

(RTE) heißt. Drei TV-Kanäle stehen zur Verfügng: RTE 1, Network 2 und das in gälischer Sprache ausgestrahlte Telefis na Gaelige. Lokale und private Sender gibt es ebenfalls, und vielerorts kann man via Satellitenschüssel und Kabel britische und kontinentaleuropäische Sender empfangen. Werbespots finanzieren das TV-Business auch in Irland. Im Übrigen kostet ein TV-Anschluss wie bei uns eine Gebühr: Sie beträgt 90 Euro pro Jahr; Anträge gibt es am Postschalter.

Da die irischen Programme im PAL-1-System ausgestrahlt werden, kann man sie mit einem Gerät empfangen, das man eingeführt hat (sofern es nicht aus dem SECAM-Land Frankreich stammt). TV-Geräte und Videorecorder sind teuer; auch solche aus deutscher Produktion kosten sehr viel mehr als in Deutschland. Die meisten Häuser sind mit der sattsam bekannten Satellitenschüssel (*satellite dish*) dekoriert, es gibt sie in vielen Ausführungen, je nachdem, welche Fernsender Sie empfangen möchten. Eutelsat und Astra bringen Programme aus ganz Europa ins Haus, andere konzentrieren sich auf britische Sender. Kabelfernsehen setzt sich in Irland erst langsam durch; Informationen hierzu und zum Thema Digitalfernsehen in Irland bietet das Internet unter *www.ntl.ie* an.

Medizinische Versorgung, Versicherungsschutz

In Irland lebt es sich eigentlich recht gesund. Die durchschnittliche Lebenserwartung beträgt bei Männern 73 Jahre, bei Frauen 79 Jahre; die Zeiten, in denen man sich mit durch Entbehrungen verursachten Krankheiten plagen musste, sind längst vorbei.

Aber ob Sie nur zeitweilig in Irland leben wollen oder sich entschieden haben, dort permanent zu wohnen: Schließen Sie in Ihrem Heimatland eine private Krankenversicherung ab. Wählen Sie vorsorglich einen vernünftigen Leistungsumfang, erweitern Sie den standardmäßig angebotenen Schutz gegebenenfalls, wenn dies für die Inanspruchnahme von Leistungen im Ausland ratsam ist. Der Wettbewerb ist groß, ein Vergleichen der Tarife und Leistungen lohnt. Alle Versicherungsunternehmen in Deutschland, in Österreich und in der Schweiz bieten

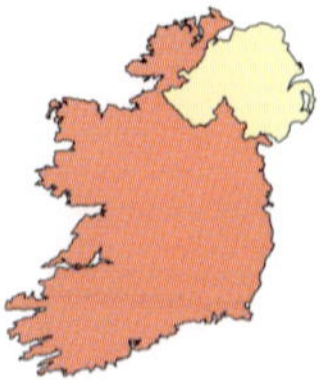

für Auslandsaufenthalte einen Beratungsservice mit Hotline, aber auch die Automobilclubs wie AvD und ADAC, ÖAMTC und TCS geben ihren Mitgliedern über Versicherungsmöglichkeiten für den Aufenthalt im Ausland Auskunft.

Jeder Ire hat die Möglichkeit, sich privat gegen Krankheit und Unfall zu versichern. Zwei große Gesellschaften stehen zur Wahl: Die *Voluntary Health Insurance* (VHI) und die in England beheimatete *British United Provident Association*, besser bekannt als BUPA, die in mehr als 170 Ländern vertreten ist. Beide Gesellschaften arbeiten mit Einheitstarifen; jedes Mitglied zahlt den gleichen Beitrag. Nur wenn man beim Eintritt jünger als 18 Jahre (BUPA: 21) alt ist, gibt es eine Ermäßigung. Angeboten werden zahlreiche individuelle Tarife. Im Schnitt zahlt ein Erwachsener 235 Euro pro Monat; das ist viel Geld in Anbetracht der nicht gerade großzügigen Leistungen. Ist man als Angestellter über den Arbeitgeber versichert, kommt man günstiger weg. Voruntersuchungen finden nicht statt, nur werden vor Ablauf einer sechsmonatigen Wartezeit keine Leistungen erstattet; ist man älter als 55 Jahre, erstreckt sich die Wartezeit auf ein volles Jahr nach Beitritt.

Die Behandlung beim Arzt, so klagen die Iren, sei mit langen Wartezeiten verbunden, ehe man einen Termin bekomme. Viele Ärzte nehmen wegen Überlastung keine neuen Patienten an und schicken sie zu einem Kollegen (bei dem sich das Spiel wiederholt). Es herrscht Ärztemangel in Irland, insbesondere bei Zahnärzten. Im ganzen Land gibt es keine 1700 Praktische Ärzte (*general practioners*, GPs), die bei einem der acht *Regional Health Boards* registriert sind.

Der GP muss jeden Patienten, sofern er Resident ist, im Rahmen eines *free GP Service* behandeln. Daher die oftmals langen Wartezeiten, zumal viele, die einen Arzt aufsuchen, dies nicht zuletzt aus Gründen der nachbarlichen Kontaktpflege tun und ihre Verdauungsbeschwerden auch ohne Konsultation eines Medizinmannes lösen könnten. Falls Sie Ihren Hauptwohnsitz nach Irland verlegt haben, sollten Sie also unbedingt die bessere Alternative wählen und sich bei einer Gesellschaft Ihres Heimatlandes privat versichern: Als »Privater« ohne die *GP Medical Card* genießen Sie Vortritt und sind überall und zu jeder Zeit willkommen. Allerdings bittet der Herr Doktor oder seine Assistentin Sie bei jedem Besuch sogleich zur Kasse. Die Grunduntersuchung kostet etwa 30 Euro, jede weitere wird mit rund 40 bis 50 Euro berechnet. Für eine neue Krone kann der Zahnarzt 100 Euro verlangen. Man wird Ihnen auch im Krankenhaus eine sofort zu zahlende Rechnung präsentieren. Die spezifizierte Rechnung (plus Quittung) ermöglicht es Ihnen, den Betrag – oder einen Teil davon, je nach dem Umfang Ihres Versicherungsschutzes – von Ihrer Versicherung erstattet zu bekommen. Aber in jedem Fall treten Sie in die Vorlage.

Die im AvD- oder ADAC-Schutzbrief enthaltenen Leistungsangebote gelten nicht nur für Ferienreisen ins Ausland, sondern schützen Sie auch auf jeder anderen Fahrt. Falls Sie also mehrmals im Jahr nach Irland fahren, sind Sie für eine durchgehende Aufenthaltsdauer bis zu jeweils drei Monaten (92 Tage) – und das nicht nur einmal im Jahr – gut behütet. Bei Verkehrs- oder auch anderen Unfällen, Krankheiten oder sonstigen unverschuldeten Notlagen kann der Schutzbrief ein wertvolles Sicherheitspolster darstellen. Für 15 Euro Zusatzprämie zur ADAC-Plus-Mitgliedschaft verspricht der Club optimalen Schutz im Krankheitsfall. Die gesetzlichen Krankenkassen in Deutschland bieten ihren Mitgliedern das sogenannte Formblatt E111 an; es ist eine Bestätigung der Mitgliedschaft und zugleich eine Übernahmeerklärung von Kosten, so sie denn anfallen sollten. Beim Arzt- oder Krankenhausbesuch in Irland kann das Formular E111 Sie vor dem Verauslagen hoher Beträge schützen. Nur kennen es viele Ärzte gar nicht: Diese mit Hilfe des dazugehörigen Merkblattes in englischer Sprache aufzuklären, ist dann eine Pflicht des Patienten.

Als Angestellter einer deutschen Firma, in deren Auftrag Sie sich beruflich maximal 12 Monate in Irland aufhalten, genießen Sie im Rahmen des Sozialversicherungsabkommens, das zwischen den Staaten des Europäischen Wirtschaftsraums besteht, auch im Ausland Krankenversicherungsschutz. Ihre Beschäftigung unterliegt somit auch in Irland den deutschen Rechtsvorschriften über die Versicherungspflicht. Gleichwohl ist es auch in diesem Falle ratsam, eine private Zusatzversicherung abzuschließen. Sollten Sie Auskünfte über einen solchen Schutz wünschen, wenden Sie sich an den Verband der Privaten Krankenversicherungen (Anschrift im Anhang).

Wer seinen Erstwohnsitz in Deutschland beibehält und bei einem deutschen Arbeitgeber oder einem im EG-Ausland einen Job im Rahmen des 630-Mark-Gesetzes ausübt, sollte nicht versäumen, hierüber seine Krankenkasse ebenfalls in Kenntnis zu setzen. Dort wird geprüft, ob der Arbeitgeber für Sie Sozialversicherungsbeiträge abführen muss. Wichtig: Dieses Gesetz sieht in der Sozialversicherung keine Trennung zwischen Haupt- und Nebenverdienst vor; nach der neuen Rechtslage werden die Beschäftigungen zusammengerechnet. Übrigens kann ein beitragsrelevanter 630-Mark-Job im Ausland auch im Hinblick auf die Rente interessant werden, denn durch zusätzliche Entgeltpunkte auf Ihrem Rentenkonto können sich spätere Leistungsansprüche aus der Rentenversicherung erhöhen.

Betreuung im Alter

Von zunehmender Bedeutung kann die medizinische Versorgung im Alter sein. So ist es eine gute Nachricht, dass jedermann und jederfrau, egal ob im Besitz einer *GP Medical Card* oder nicht, in Irland Anspruch auf regelmäßige Visite einer Krankenschwester (*Public Health Nurse*) und gegebenenfalls auch auf ärztliche Behandlung hat. Viele medizinische Leistungen werden Senioren zu Vorzugskonditionen geboten, und für einen Aufenthalt in einem Altersheim, sollte er notwendig werden, zahlt man nur soviel, wie man auszugeben im Stande ist. Aber man muss sich um diese Dinge selbst kümmern, zum Beispiel durch einen Antrag beim *National Health Board*. Lokale Wohlfahrtseinrichtungen, die auch ambulante Dienste unterhalten (wie Essen auf Rädern: *meals on wheels*), kassieren für ihre Arbeit einen Obolus, dessen Höhe der Geber selbst bestimmen kann.

Gastronomie, Essen und Trinken

Was die irische Gastronomie zu bieten hat, lässt sich in drei Kategorien fassen. Die erste pflegt sich durch drei oder vier Sterne auszuzeichnen – wer immer diese vergeben mag (Restaurant-Guides, Fachverbände, Berufs-Gourmets) – und bietet für sehr viel Geld winzige Portionen, die sich an der Nouvelle Cuisine orientieren, ein nobles Ambiente und einen aufdringlich-aufmerksamen Service, der es auf ein entsprechend großzügiges Trinkgeld abgesehen hat. Für ein knapp sättigendes Menü berechnen feine Häuser dieser Kategorie im Schnitt 35 bis 45 Euro ohne Getränke.

In der zweiten Kategorie ist die Majorität aller Restaurants in Irland angesiedelt. Auch hier geht es verhältnismäßig hochpreisig zu (kein Menü unter 30 Euro), dafür ist der Service – wenn auch freundlich – jenseits aller gewohnten Maßstäbe. Zerkochtes Gemüse und farblose Soßen kompensieren die unendlich langen Wartezeiten nicht, und ob die Gläser beim letzten Abwasch auch wirklich sauber geworden sind, kontrolliert kein Küchenchef.

Damit wären wir bei der dritten Kategorie: *pub food* und *fast food*. Legen Sie alle Vorurteile ab und bestellen Sie, was Ihr Zeigefinder auf der kleinen Speisekarte zufällig erwischt hat. Das kann etwas Indisches oder Italienisches, ein irisches Hammelgemüse oder *black pudding with apple sauce* sein: Es ist in jedem Fall sehr preiswert, sehr reichlich, sehr deftig und garantiert nicht aus der Tiefkühltruhe. Meistens sind in der Schale gekochte Kartoffeln mit auf dem Teller.

Es gibt kaum eine irische Kleinstadt, die nicht eine beträchtliche Auswahl an *»food serving«* Pubs zu bieten hat, dazu einige chinesische, italienische, indische und französische Restaurants.

Zunehmender Beliebtheit erfreuen sich Coffeeshops und Bistros, wo man preiswert und gut essen kann, irgend etwas Hausgemachtes, selbst gebackenen Kuchen oder ein belegtes Baguette. Hier trifft man um die Mittagszeit meist ein jüngeres Publikum aus den umliegenden Büros.

Bleiben wir bei der irischen Küche. Wenn sie dem kontinentalen Gaumen etwas zu bieten vermag, dann gehören Fischgerichte dazu. Nur sind sie nicht sehr variantenreich. Es gibt in Irland aber auch sehr gute Pasteten, Geflügelvarianten und natürlich saftige Steaks. Eine diesbezügliche Zurückhaltung – wegen BSE-Verdacht – hat sich bei den Iren schon seit längerer Zeit wieder gelegt (trotzdem klagen die *cattle farmer* über rückläufige Nachfrage). Alternativ bieten sich nach wie vor *Lamb chops* an: Lamm mit Minzsoße und eine in der Folie gebackene irische Kartoffel ist immer noch ein paar Meilen Umweg wert, wenn das am Wegesrand liegende Pub ausnahmsweise nur Spiegeleier mit Pommes zu bieten hat.

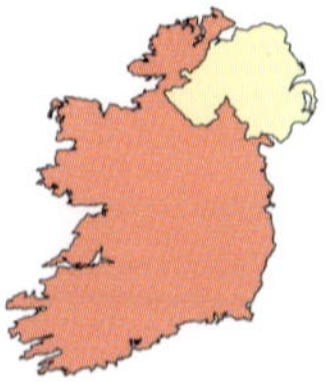

Smoked Mackarel Tart, Connemara Rack of Lamb, Marinated Chicken, Salmon und *Trout* sind die kulinarischen Spezialitäten der Grünen Insel. Gemüse in nicht sehr vielen Zubereitungsarten (gern als *organic vegetable* bezeichnet – was immer das bedeuten soll, denn aus dem Öko-Anbau stammt es nicht) gehören ebenfalls dazu, nur die Kartoffeln sind fast überall sehr gut, manchmal nur zu mehlig, dann zerfallen sie schon beim Hinschauen. Brot backen die Iren in allen Variationen, vor allem ist das bröselige *Soda Bread* sehr beliebt. Etwas gewöhnungsbedürftig sind jedenfalls alle Sorten.

In den Pubs mit Restaurantbetrieb wird bei der Bestellung am Tresen auch gleich bezahlt. Das gilt fürs Getränk – ganz gleich, ob man das Glas zum Sitzplatz mitnimmt oder an der Bar trinkt – ebenso wie für die Mahlzeit. Wenn Bedienungspersonal zu Ihnen an den Tisch kommt, dann meist nur, um Ihnen den Teller mit Ihrem an der Bar bestellten Gericht zu bringen.

Slainte heißt »Prost«, doch Alkohol, leider auch Bier und Wein, ist in Irland erheblich teurer als etwa in England – nicht nur im Restaurant oder im Pub – auch im Supermarkt. Ein Pint Guinness (oder Carling, Murphy's, Beamisch, Harp, Bulmers) kostet mehr als 3 Euro, ein Glas Wein 4 Euro. Selbst in Lokalen mittlerer Kategorie kostet eine Flasche französischen Tafelweins, Jahrgang 2000, um die 18 bis 22 Euro, ein Bordeaux von 1998 das Doppelte. Wer nach dem Dinner eine Runde Whiskey spendiert, wird als Spitzenverdiener klassiert.

Das Trinkwasser in den Leitungen Irlands zeichnet sich durch große Qualitätsschwankungen aus. Wer zu Hause auf gleichbleibende Kaffee- und Teequalität Wert legt, installiert einen Filter in der Küche. Nur in Gebirgsgegenden, wo Quellwasser zur Verfügung steht, ist dieses von bester Qualität – und in reichlichem Maße vorhanden.

Auto: Mitnehmen oder in Irland kaufen?

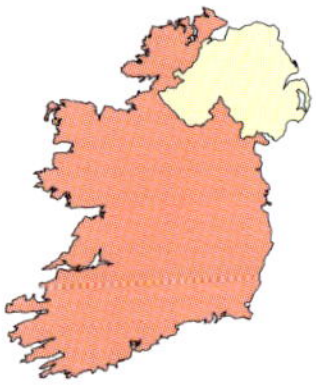

Vermutlich werden Sie Ihren in Deutschland gekauften, zugelassenen und versicherten Wagen nicht unbedingt in Irland benutzen wollen, wenn Sie sich dort über längere Zeiträume aufhalten: Wegen der Linkslenkung, die sich bei Linksverkehr selbst dann als nachteilig erweist, wenn man sich an ihn gewöhnt hat; beim Überholen, beim Ein- und Aussteigen an der »falschen« Seite, beim Fahren mit Licht (seitenverkehrtes asymmetrisches Abblendlicht). Vor allem macht es wenig Sinn, in Irland einen großen, schweren und für höhere Dauergeschwindigkeit ausgelegten Wagen zu bewegen. Es gibt keine 100 Kilometer Autobahn im Lande.

Dennoch bringen etliche deutsche Zuwanderer ihren Wagen mit. Theoretisch gäbe es keinen Grund, das Auto in Deutschland ab- und in Irland anzumelden, wenn Sie sich nicht mehr als sechs Monate im Jahr dort aufhalten. Und selbst wenn es ausnahmsweise einmal ein siebenter oder achter Monat ist, den Sie damit in Irland umherfahren, interessiert sich niemand dafür. Nur sollten Sie die TÜV-Intervalle einhalten, wenn Ihr Wagen in Deutschland zugelassen ist: Auch irische Polizeibeamte kennen die deutsche TÜV-Plakettensprache.

Da neue Kraftfahrzeuge allein schon wegen der höheren Mehrwertsteuer und anderer Abgaben in Irland sehr viel teurer als auf dem Kontinent sind, könnten Sie sich auf die Suche nach einem in Deutschland bzw. Österreich zugelassenen Rechtslenker begeben. Wenn es sich nicht gerade um einen britischen Oldtimer mit Klassikerstatus handelt, könnte es durchaus sein, dass Sie einen solchen Exoten, fünf bis acht Jahre alt und aus zweiter Hand, sehr günstig bekommen. Und dessen Einfuhr unterliegt in Irland keinen Abgaben. Jüngere oder gar neue Autos einzuführen, lohnt hingegen nicht, weil darauf hohe Abgaben zu entrichten sind – fürs gleiche Geld können Sie im Lande ein Fahrzeug kaufen. Die Tarife der *registration tax* differenzieren sich nach den unterschiedlichsten Kriterien; Auskünfte hierüber erteilt das *Vehicle Registration Office* unter der Telefonnummer *(01) 414 9777.*

Das Ab- und Wiederanmelden eines bisher im Ausland zugelassenen Wagens in Irland ist zwar kein allzu teurer, dennoch ein umständlicher Prozess. Wenn Sie ihn auf sich nehmen wollen, müssen Sie Ihren Wagen bei der Zulassungsstelle zu Hause abmelden, die Kennzeichen abliefern und die Zuteilung eines Exportkennzeichens beantragen; das Paar kostet 25 Euro plus ca. 35 Euro Verwaltungsgebühr. Ihre Gültigkeit beträgt sieben Tage in Deutschland, danach maximal vier Wochen im Ausland bis zur Anmeldung am dortigen Wohnort.

Die Wiederanmeldung setzt eine Prüfung Ihres Wagens durch eine NTC-Station voraus (NTC = National Testing Centre, entspricht unserem TÜV). Es wird sehr gründlich geprüft, und die Untersuchungen finde alle zwei Jahre statt.

Selbstverständlich muss Ihr Wagen haftpflichtversichert sein (*third party insurance*), und bei einem in Irland zugelassenen Fahrzeug muss die Versicherungsgesellschaft auch ihren Sitz (oder eine Tochter) in Irland haben. Es konkurrieren derzeit etwa 35 Gesellschaften in dieser Branche. Eine Vollkaskoversicherung (*comprehensive insurance*) kennt man wie bei uns, doch wenn ein Fahrzeug älter als vier Jahre ist, muss ein Gutachten seinen einwandfreien Zustand dokumentieren.

Der Gebrauchtwagenmark in Irland ist nicht sehr üppig bestückt …

Die Vielfalt der irischen Autokennzeichen ist recht groß, auch hier herrscht typisch irische Individualität.

Die günstigsten Prämien herauszufinden ist schwierig. Nicht nur Marke und Modell spielen da eine Rolle, sondern auch ob der Halter ein Mann oder eine Frau ist, in der Stadt oder auf dem Lande wohnt, ein Viel- oder ein Wenigfahrer ist, ein geringes oder ein hohes Unfallregister hat. Bei Linkslenkern wird übrigens ein Prämienaufschlag erhoben.

Mit der Bestätigung der Versicherung, deren Ausstellung aber ein paar Wochen dauern kann, begibt man sich zum lokalen Finanzamt und zahlt für einen bestimmten Zeitraum, etwa ein halbes oder ein ganzes Jahr, die *road tax*. Wer es eilig hat, benutzt sein Auto auch vorher schon, und es gibt durchaus Polizeibeamte, die dafür Verständnis haben. Solange man keinen Unfall baut.

Das Angebot an Personenwagen ist international. Französische, deutsche und japanische Fabrikate sieht man besonders häufig, Das Angebot an Gebrauchtwagen ist in Irland jedoch nicht sehr groß; ältere Fahrzeuge, die anscheinend günstig angeboten werden, haben entweder Unfallschäden oder benöti-

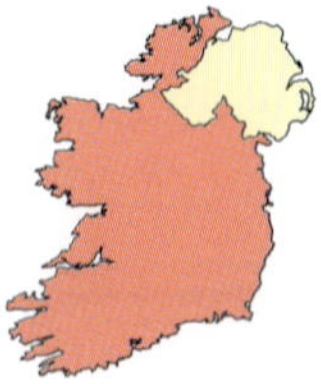

gen eine teure Reparatur. Für Autofinanzierungen zahlt man rund 11% effektiven Jahreszins, also sehr viel mehr als bei uns.

Nachfolgend ein paar Preisbeispiele für gepflegte Gebrauchtwagen mit Kilometerleistungen im üblichen Bereich (Stand Februar 2002) in Irland:

■ VW Polo 1,1, Bj. 1991	1.250 Euro
■ Opel Astra, 4-Türer, Bj. 1994	3.500 Euro
■ Ford Escort 1,3, 5-Türer, Bj. 1996	4.950 Euro
■ VW Passat 1,9 Diesel, Bj. 1995	8.150 Euro
■ Toyota Corolla Diesel, Bj. 1998	8.850 Euro
■ Fiat Punto, 3-Türer, Bj. 2000	9.450 Euro
■ Mercedes-Benz Vito, Bj. 2000	7.600 Euro

Irischer Führerschein

Wer als Zuzügler permanent in Irland lebt, muss dort nach Ablauf von zwölf Monaten seinen bisherigen Führerschein (mit dem er aber auch in Irland registrierte Fahrzeuge lenken darf) umschreiben lassen. Einwohner aus EU-Ländern, aber auch aus der Schweiz, können ihr Dokument ohne weiteres in eine *Irish Driving Licence* eintauschen. Haben Sie Ihren älteren Führerschein bereits zu Hause gegen jenen neuen EU-einheitlichen Fahrausweis eingetauscht, der nur noch die Größe einer Scheckkarte hat und ein Dokument ist, das in allen Staaten der Europäischen Union anerkannt wird, entfällt die Umtauschaktion. Sie verfügen mit EU-Führerschein über eine Fahrerlaubnis von grenzübergreifender Gültigkeit. Die neuen EU-Führerscheinklassen umfassen die Kategorien A, B und C und diverse Untergruppen.

Wenn Sie Ihren Führerschein in Irland wieder loswerden möchten, verhilft Ihnen dazu eine polizeiliche Verkehrskontrolle, falls sie bei Ihnen einen Blutalkoholgehalt von mehr als 0,8 Promille feststellt (immerhin – so großzügig verfährt man nur noch in Großbritannien, Spanien, Luxemburg und Italien). Trunkenheit am Steuer wird schwer bestraft; um mit »nur« 1250 Euro Buße davonzukommen, müssen Sie beim Verkehrsrichter einen ungewöhnlich guten Eindruck hinterlassen. Nun, Alkoholkontrollen finden zwar nur sehr selten statt, aber es ist gut daran zu denken, dass es den Zecher genau dort er-

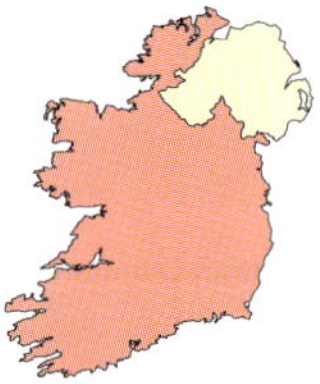

wischen kann, wo er es am wenigsten erwartet hat. Aber schon das Missachten einer roten Ampel kann 200 Euro kosten, und wer im Parkverbot erwischt wird, kann mit 15 bis 25 Euro zur Kasse gebeten werden.

Alle Führerschein-Angelegenheiten unterliegen in Irland der Kompetenz der Umweltschutzbehörde (*Department of Environment*), ebenso das Kraftfahrzeug-Zulassungswesen (*vehicle licensing*). Die Büros befinden sich ausnahmsweise nicht in Dublin, sondern in Ballina (Co. Mayo) und Shannon (Co. Clare). Nur die Zulassungssteuer wird in Dublin kassiert, vom *Vehicle Registration Office* in der Castleforbes Road.

Sport als Kommunikator

Die Iren verstehen sich als Sportsleute und begeistern sich für alles vom Tennis bis zum Hockey, vom Polo bis zum Golf, vom Fußball bis zum Cricket. Nationalsport Nummer Eins ist natürlich Fußball, gleich danach kommt Hurling – und dann der Angelsport. Die vielen fischreichen Gewässer im Lande und die weitläufigen Küsten sorgen für immer wiederkehrende Motivation. Aber man angelt nicht im Wettbewerb.

Angler sind Individualisten und müssen sich nicht organisieren; in Irland wenigstens. Aber gemeinsame sportliche Interessen verbinden, und diese Verbindungen können für Sie auch in vieler anderer Beziehung – gesellschaftlich, nachbarschaftlich, geschäftlich – positive Auswirkungen haben.

Das dem Rugby ähnelnde, mit viel Dynamik gespielte Hurling beherrscht die Sportschau im irischen Fernsehen; man muss ein paar Spiele gesehen haben, um die Begeisterung dafür zu begreifen. Aber Sie selbst müssen »Ihren« Sport nicht unbedingt in Wettkampfmanier ausüben, nur weil einige Ihrer englischen Freunde sich in aller Bescheidenheit als Fußball- oder Hurlingprofis bezeichnen und Sie herausfordern möchten... Wenn Ihnen sportliche Betätigung mehr zur geistigen Erbauung, zum Fitbleiben und zum individuellen Freizeitvergnügen dient, weniger also zur Profilierung, werden Sie sicher viele gleichgesinnte Partner finden. Im Übrigen ist Golfspielen in Irland ein ebenfalls weit verbreiteter Volkssport; es gibt dort mehr als 130 gepflegte Golfplätze. Per capita verfügt Irland so-

gar über die meisten Golfplätze in Europa, und statt ins Café zu gehen treffen sich Hausfrauen hin und wieder gern im Golfclubhaus zum Ratschen. Die Aufnahmegebühren und Jahresbeiträge der Clubs sind meist niedriger als auf dem Kontinent.

Der irischen Nationalelf muss um Nachwuchs nicht bange sein ...

Kulturelles Angebot, Freizeitvergnügen

Fast überall in Irland findet man ein Kulturangebot, das vielen Ansprüchen gerecht wird. Liebhaber klassischer Musik oder auch der Folklore, des Jazz oder des Gospel finden viele Gleichgesinnte. In Irland gibt es das ganze Jahr über viele Folklore-Festivals, und das Barden-Erbe wird ebenfalls gepflegt. Nicht umsonst ist die irische 40-saitige Harfe – ein Symbol von traditioneller Bedeutung (selbst auf den neuen Euromünzen ist sie zu sehen). Die Bodhrán-Trommel ist ein ebenso berühmtes Instrument. Am letzten Wochenende im August finden nationale Musikwettbewerbe statt, jedes Jahr in einer anderen Stadt. Es gibt in Irland viele Theater mit Aufführungen auch im Freien, viele Laiengruppen und Vereine. Die Geselligkeit der Iren spiegelt sich in diesen Aktivitäten wider.

Sich mit Pferden zu beschäftigen, könnte selbstverständlich zum Kapitel Sport gehören. Aber für viele Menschen – vor allem in Irland – ist der Umgang mit Pferden viel mehr, nämlich ein Teil ihres Daseins. Für Pferdeliebhaber ist Irland ein Paradies, die Möglichkeiten zum Ausritt sind immens.

Bootsbesitz

Ein Boot zu besitzen, sei es irgendwo am Shannon oder in einem Küstenhafen, gehört bei vielen Irland-Liebhabern einfach dazu. Irland ist wie England ein ideales Land für jede Art von Yachtsport. Kleine, romantische Bootshäfen und Marinas an Binnen- und Küstengewässern bieten alle denkbaren Einrichtungen und offerieren Moorings von 15 bis 150 Euro pro Monat. Auch das Charter- und Mietgeschäft weist in Irland einen beträchtlichen Umfang auf, wie das Studium der Fachzeitschriften verdeutlicht. Viele Touristen und Freizeitkapitäne schwärmen von romantischen Ferienfahrten binnen oder buten, wobei vor allem an der Ostküste rege Sportschifffahrtsaktivitäten zu beobachten sind: Fahrten nach und von England, Frankreich und Holland lassen sich als ideale Urlaubstörns durchführen.

Feiertage

Der *St. Patricks Day* am 17. März ist wohl der wichtigste Feiertag im Lande, bedeutender als Weihnachten. In allen größeren und kleineren Städten finden Festivitäten und Paraden statt, die berühmteste in Dublin. Mancherorts gibt es eine ganze *St. Patricks Week*. Der Neujahrstag, Ostersonntag und -montag sind natürlich auch sehr wichtig, und im März als auch im August gibt es je einen *Bank Holiday*, der angenehmerweise auf einen Montag gelegt wird. Auch am 3. Juni und am 28. Oktober gehen die Iren nicht zur Arbeit. Der erste Weihnachtsfeiertag heißt in Irland *St.- Stephens Day*.

Weitere kirchliche Feiertage entsprechen denen, wie man sie auch in anderen Ländern mit überwiegend katholischer Bevölkerung kennt. Darüber hinaus gibt es eine große Zahl lokaler Feiertage, wie das Fest der Heiligen Brigitte in Kildare (1.

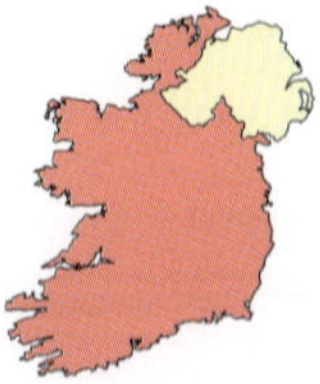

Februar), und vom 1. bis zum 15. August begeben sich unzählige Wallfahrer zur St. Patricks Purgatory am Lough Derg.

Auch Pferde- und Hunderennen finden vorzugsweise an Feiertagen wie Ostermontag oder an den Bank Holidays statt.

Wer regelmäßig zum Gottesdienst geht, wird feststellen, dass die Kirchen stets gut besucht sind. Dafür dauert die Zeremonie nicht sehr lange, die Andachten sind knapp gehalten, die Gebete kurz. Das liegt nicht nur an dem Bestreben der Kirchgänger, mehr Zeit für den anschließenden Besuch im Pub zu haben, sondern hat Gründe, die in der Geschichte des Landes liegen: In den Zeiten der religiösen Verfolgung konnten Gottesdienste nur heimlich stattfinden, und die Priester mussten stets befürchten, unliebsam gestört zu werden, also fassten sie sich kurz.

Einkaufen und Lebenshaltungskosten

Wer beim Einkaufen blindlings ins Supermarktregal greift, ohne Preisvergleiche anzustellen, zahlt für die Dinge des täglichen Bedarfs mehr als in Deutschland. Viele Geschäfte locken mit Sonderangeboten. Der Lebenshaltungsindex liegt bei 105 bis 110, wenn man einen Deutschland-Maßstab von 100 anlegt. Einige Lebensmittel sind aber auch preiswerter als bei uns. Und es ist ja nicht jedermanns Sache, bei den auch Irland vorhandenen Aldi- oder Lidl-Filialen einzukaufen.

Schon bevor Sie sich in Irland ansiedeln, sollten Sie möglichst viele Preisvergleiche bei Hausrat- und Gebrauchsgütern anstellen. So können Sie ermitteln, was es von daheim mitzunehmen lohnt und was nicht. Bringen Sie ein paar Stunden in den Supermärkten und in Fachgeschäften zu – in beiden Ländern. Oder auch in Frankreich, wenn Sie mit dem Auto zu einem der Fährhäfen in Cherbourg oder Roscoff reisen. Vergleichen Sie auch Sonderangebote. Im Kapitel »Einrichten und Wohnen« wurde bereits auf dieses Thema eingegangen.

Die Ladenöffnungszeiten sind recht unterschiedlich. Vor 9:00 Uhr morgens hat in Irland kaum ein Geschäft geöffnet, dafür gibt es aber Supermärkte, die man noch um 22:00 Uhr aufsuchen kann. Es lohnt sich, auf Wochenmärkten einzukaufen (es gibt auch in zunehmender Zahl Ökomärkte); hier bie-

Supermarkt in Miniaturformat: Diese kleinen Läden führen von Flaschengas bis zur Morgenzeitung alles, was man eben mal so braucht.

tet man nicht nur ein breites Angebot an Obst, Gemüse, Wurstwaren und frischen Fisch feil, sondern auch Bodenbeläge, Gartenbedarf und Textilien. Schnäppchenjäger kommen hier stets auf ihre Kosten.

In Irland gibt es viele Ladenketten – keineswegs nur von Aldi oder Lidl – und vor allem immer mehr Super- und Hypermärkte. Einige bieten ihren Kunden besondere Kreditkarten, bei deren Gebrauch Rabattpunkte gutgeschrieben und in bestimmter Höhe sogar Barauszahlungen gewährt werden. Da kann kein *corner shop* mithalten – demzufolge stirbt der Tante-Emma-Laden mit seinem begrenzten Angebot allmählich aus.

Jeder Ort in Irland hat seinen eigenen *closing day*, an den sich zwar nicht alle, aber doch die meisten Geschäftsinhaber halten. An diesem Tag schließen die Geschäfte um 13 Uhr. Meist ist es der Mittwoch. Landesweit eingehalten werden aber nur die *Bank Holidays* – diese liegen stets auf Montagen, gelten als Feiertage und ermöglichen verlängerte Wochenendvergnügen.

Zahlen per Kreditkarte ist in Irland gang und gäbe; Schecks werden nur selten ausgeschrieben. Ebenso üblich ist es, dem Kunden die Ware in einer Plastiktüte auszuhändigen. Die

Buchhandlung mit Tankstelle: auch in Irland eine eher seltene Kombination.

bei uns in den letzten Jahren zunehmend in Gebrauch gekommenen Leinenbeutel sieht man selten, und noch viel weniger geht jemand mit einem Einkaufskorb in den Laden. Überhaupt gibt sich die Verpackungsindustrie Irland nicht gerade umweltbewusst: Sie überschwemmt das Land mit Plastikbehältnissen jeder Form und Größe.

Vergleichen Sie einmal einige Durchschnittspreise aus dem Einzelhandel in Irland mit denen zuhause. Die nachfolgend aufgeführten Produkte sind Beispiele aus einem Supermarkt vor den Toren der Stadt Limerick, Stand Februar 2002:

- 10 kg Kartoffeln 3,90 Euro
- 6 Brötchen 1,25 Euro
- 800 g Toastbrot/Packung 1,20 Euro
- 1 kg Mehl 2,45 Euro
- 1 kg Zucker 1,10 Euro
- 450 g Butter 2,10 Euro
- 1 kg Schinken 7,45 Euro
- 250 g Kaffee 3,80 Euro
- 250 g Tee 1,95 Euro
- 1 Liter H-Milch -,89 Euro

■ Große Tiefkühl-Pizza	2,50 Euro
■ 6 Eier	1,43 Euro
■ 1 kg Orangen	1,48 Euro
■ 1 kg Äpfel	1,53 Euro
■ 450 g Honig	2,95 Euro
■ 2-Liter-Flasche Cola	1,70 Euro
■ 1 Dose Bier 0,33 l	2,15 Euro
■ 1 Fl. Weißwein »Two Oceans«	8,89 Euro
■ 25 g Zigarettentabak	6,00 Euro
■ 1,25 kg Persil Waschmittel	5,00 Euro
■ Microwelle 800 Watt	115,00 Euro
■ Geschirrspüler Bendix	335,00 Euro

Hund und Katze

Wenn Sie Ihren Hund oder ein anderes Haustier mit nach Irland nehmen möchten, wird eine sechsmonatige Quarantäne verlangt, die zudem viel Geld kostet, nämlich 1500 Euro für einen mittelgroßen Hund oder 1250 Euro für eine Katze. Vor allem, eine solche Station existiert nur in Dublin (*Lissenhall Quarantine Kennels and Catteries*). Das macht die Mitnahme Ihres vierbeinigen Lieblings etwas kompliziert. Im Gespräch ist indessen eine neue Lösung, die zwar ebenso lange dauert, aber dem Tier die Isolation der Quarantäne erspart. Denn das Vorbereitungs-Procedere soll sich im Heimatland durchführen lassen. Hierzu muss das Tier mit einem Microchip versehen werden, den der Tierarzt einpflanzt. Anschließend wird das Tier gegen Tollwut geimpft; nach 30 Tagen wird eine Blutprobe entnommen, der sich eine Wartezeit von sechs Monaten anschließt. 24 bis 48 Stunden vor der Einreise nach Irland soll das Tier außerdem auf Zecken und Bandwurm untersucht werden.

Ein Amtstierarzt muss dann ein Gesundheitszeugnis ausstellen, das all diese Maßnahmen bestätigt, und zum Schluss ist davon eine notariell beglaubigte Übersetzung ins Englische aufzusetzen. Dafür haben Sie also nach Ausstellung des Zeugnisses maximal einen weiteren Tag Zeit.

Selbst wenn diese Regelung in Kraft treten sollte, ist die Überlassung Ihrer Vierbeiner in gute Hände und eine Anschaffung eines Hundes oder einer Katze in Irland wohl die

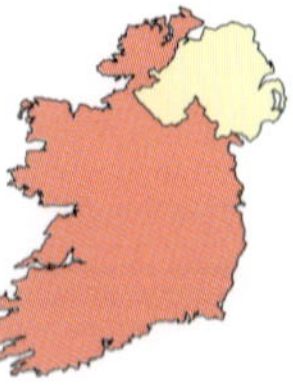

bessere Alternative. Übrigens: Eine Hundesteuer gibt es in Irland auch. Sie beträgt 6,25 Euro pro Jahr (Antrag am Postschalter). Maulkorbzwang für bestimmte Rassen (*muzzled*) kennt man durchaus; auch Deutsche Schäferhunde gehören dazu. Und in viele *public places* dürfen Vierbeiner nicht mitgebracht werden. Auch sträuben sich viele Wohnungsvermieter gegen die Haltung von Haustieren.

Ein Hund oder eine Katze, die aus Großbritannien nach Irland gebracht wird, unterliegt den Quarantänebestimmungen übrigens nicht. Ein halbes Jahr lang aber muss das Tier dort nachweislich verbracht haben.

Auskünfte über den aktuellen Stand der Dinge erteilt das *Department of Agriculture* in Dublin, Telefon *(01) 840-1776.*

Nachbarn und Vertrauenspersonen

Wann Sie den ersten Kontakt zu Ihren neuen Nachbarn knüpfen, obliegt Ihrer eigenen Initiative. Steht Ihr Haus auf einem etwas abgelegenen Grundstück, wird erst recht kein Nachbar unaufgefordert vorbeischauen. Überhaupt werden Sie mehr Distanz und Respekt verspüren als Sie es von Ihren Nachbarn zu Hause gewöhnt sind, vor allem, wenn Sie sich in einer sehr ländlichen Gegend niederlassen. Aber Ihre Vertrauenspersonen in der Nachbarschaft sollten letztlich auch erfahren, warum Sie überhaupt nach Irland und gerade in diese Gegend gezogen sind. Es wird jedem Iren schmeicheln, wenn Sie seine Heimat so schön finden, dass es Ihre (zweite) werden soll.

Haben Sie ein Objekt erworben, dessen vorheriger Eigentümer weiterhin in der Nachbarschaft lebt, wäre zum Besiegeln des Kaufvertrages ein gemeinsames Begießen des Deals im Pub fällig. Bei dieser Gelegenheit könnten Sie eine Menge nützlicher Kenntnisse in Bezug auf die Umgebung erlangen, Einkaufstipps und die Namen Ihrer Nachbarn erfahren. Aber nicht gleich beim ersten Mal. Haben Sie Geduld. Und versuchen Sie herauszufiltern, was geflunkert ist und was der Wahrheit entspricht: Iren sind sehr phantasiebegabt und fabulieren gern. Das haben sie von jenen Vorfahren geerbt, die im Mittelalter als Barden durchs Land zogen und das Volk durch ihre Darbietungen zu unterhalten wussten.

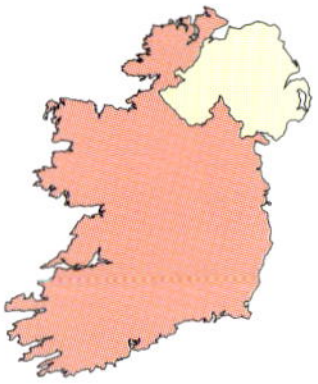

Ein sozialer und kultureller Gleichklang mag dazu beitragen, nachbarlich-freundschaftliche Kontakte schneller zustande zu bringen und ihren Bestand zu sichern. Aber diesen Gleichklang zu finden, ist in Irland schwieriger als anderswo in Europa, auch wenn Freundlichkeit, ja Herzlichkeit den Dialog bestimmen. Weiter vorn wurde bereits darauf eingegangen.

In jedem Fall wird Ihnen daran gelegen sein, Ihre neuen Nachbarn ein wenig näher kennen zu lernen. Denn schon bei den ersten Vorkehrungen, die Ihr Ansiedeln in Irland zur Folge hat, gelangen Sie zu der Erkenntnis, dass Sie vor Ort eine Person Ihres Vertrauens benötigen. Jemand, der bei Kontakten zu Behörden behilflich ist und der auch als Helfer bei der Vermittlung von Aufträgen an Handwerker oder bei der Suche nach einem Haushüter in segensreiche Aktion tritt. Dem Sie für die Zeit Ihrer Abwesenheit den Hausschlüssel anvertrauen und die Leerung des Briefkastens überlassen können.

Vielleicht ergibt sich bereits aus der Zusammenarbeit mit der Immobilienfirma die Lösung dieser Frage. In der Stadt, im Dorf könnte es ein Hausnachbar sein, mit dem sich eine Basis gegenseitigen Vertrauens aufbaut. Der Nachbar bekommt sowieso fast alles mit: Mit welchem Auto Sie anreisen, in wessen Begleitung Sie erscheinen, was bei Ihnen gekocht wird und welche Arbeiten Sie in Angriff nehmen. Er kennt die ehemaligen Eigentümer Ihres neuen Besitzes und deren Geschichte, und auch das kann für Sie nützlich sein.

Längere Abwesenheit

Eine Vertrauensperson vor Ort zu haben, ist besonders wichtig, wenn Sie Ihr Irland-Domizil in der Zeit Ihrer Abwesenheit vermieten. Reinigung, Aufsicht, Miteinnahmen, das Aushändigen und die Rücknahme von Schlüsseln beispielsweise, auch die Durchführung kleinerer Reparaturen könnte der *caretaker* für Sie erledigen. Es gibt tausend Kleinigkeiten und Arbeiten, die mit dem Vermieten einer Wohnung zusammenhängen.

Professionelle Hausbesorgerdienste gibt es in vielen Städten. Meist kann man diesen Firmen oder Personen auch handwerkliche Arbeiten antragen, was besser funktioniert als das Kommt-er-oder-kommt-er-nicht-Spiel mit lokalen »Einzeltätern«. Natürlich sind diese Dienstleistungen auch angemessen zu bezahlen. Vertrauen zu Ihren Nachbarn zahlt sich aus. Dieses Vertrauen ist vor allem dann wichtig, wenn es beispielsweise Bank- oder Postaufträge zu erledigen gilt.

Heimatanbindung, Konsularwesen

Solange Sie nicht auf Englisch träumen, sind Geist und Seele noch nicht vollkommen eingetaucht – und vielleicht ist das auch gar nicht Ihre Absicht. Und Sie werden vermutlich auch bei noch so perfekter Beherrschung der englischen Sprache auch in Irland weiterhin deutschsprachige Zeitungen und Bücher lesen und die Verbindung zu Freunden und Verwandten in der Heimat pflegen.

Wer ohnehin nur ein paar Mal im Jahr sein Domizil in Irland aufsucht und sich die restliche Zeit dort aufhält, wo er zuhause ist, für den ist das Thema »Heimatanbindung« kaum relevant. Anders ist es, wenn Ihr Standort auf der Insel zum Hauptwohnsitz wird. Dann spielt die Pflege bestimmter Kontakte zur Heimat durchaus ein Rolle – und nicht nur eine nostalgische.

Einige deutschsprachige Zeitungen und Illustrierte finden Sie, vor allem in der Feriensaison, bei vielen größeren *News Agents*. Das moderne Vertriebswesen macht es möglich, dass Sie Ihre *FAZ*, *Welt* oder *Süddeutsche* in Dublin oder Cork oft sogar am Erscheinungstag kaufen können. In kleineren Städten oder im Postabonnement hingegen ist die Ihnen zugestellte deutsche Tageszeitung mit ziemlicher Sicherheit stets ein bis drei Tage alt, wenn Sie sie in die Hand nehmen. Buchhandlungen mit einem Sortiment deutschsprachiger Bücher werden Sie indessen nirgendwo finden. Aber dafür kann man ja im Internet shoppen.

Mit der Beibehaltung Ihrer Staatsbürgerschaft haben Sie nach wie vor entsprechende Rechte in der Heimat (zum Beispiel das Wählen) und Pflichten (zum Beispiel das Steuernzahlen). Sie müssen zu gegebener Zeit ihren Pass bzw. Ausweis verlängern lassen, wollen oder müssen Ihre Versicherung(en) in Anspruch nehmen und so weiter. Wenn Sie zu denen gehören,

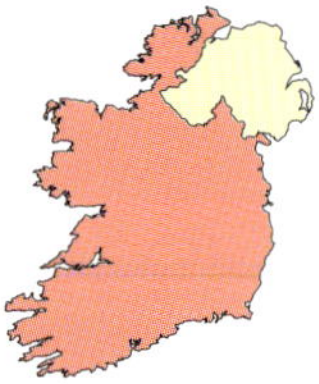

die nur in Abständen von sechs oder mehr Monaten wieder nach Hause kommen, sich also überwiegend in Irland aufzuhalten pflegen, werden Ihre Bindungen ans Heimatland aber allmählich geringer. Sollten Sie einmal die Hilfe Ihres Konsuls in Anspruch nehmen müssen (wenn dies auch meist nur in Notsituationen erforderlich ist): Anschriften sind im Anhang aufgeführt.

Sicherheit, juristischer Beistand, Polizei

Bereits weiter vorn wurde ausgeführt, dass sich die Kriminalitätsstatistik in Irland auf dem Lande auf sehr niedrigem Level bewegt. Dennoch wird immer wieder geraten, an Türen und Fenstern Einbruchsicherungen anzubringen. Auf jedem Polizeirevier hängen wie bei uns Poster, die den Bürger gemahnen, nicht leichtsinnig zu sein, keine Wertgegenstände sichtbar im Auto liegen zu lassen, nur wenig Bargeld bei sich zu führen, sich gegen Handtaschendiebe nicht zur Wehr zu setzen und sich auf keine Geschäfte an der Haustür einzulassen. Älteren Herrschaften empfiehlt man, bei Dunkelheit nicht allein aus dem Haus zu gehen. Wie überall auf der Welt gilt auch in Irland: Vorbeugen ist besser als heulen ...

Die irische Polizei (*Garda*) unterscheidet sich in ihrer ausgesuchten Höflichkeit und Freundlichkeit sehr von den Umgangsformen ihrer Kollegen in einigen anderen Ländern. In welchem Fall auch immer Sie Hilfe von Seiten der Ordnungshüter in Anspruch nehmen oder sogar müssen: Einen rüden Ton werden Sie nirgends hören.

Der landesweite Polizeinotruf (auch Unfallrettung) ist *999*, über Mobilfunk *112*.

Möglich wäre, dass Sie einmal in Rechtsunsicherheit geraten, zum Beispiel wenn es um Grenzfälle (nicht nur im Wortsinne) in Grundstücksangelegenheiten geht und Sie sich veranlasst sehen, von kompetenter Seite juristischen Beistand in Anspruch zu nehmen. Für solche Fälle ist es gut, Mitglied in der *Deutschen Schutzvereinigung Auslandsimmobilien e. V.*, kurz DSA, zu sein. Die DSA ist eine neutrale Informations- und Beratungsstelle, deren Dienste man in rechtlichen und steuerlichen Fragen in Anspruch nehmen kann, die individuelle Lösungen in Konfliktfällen anbietet und für ihre Mitglieder (Jahresbeitrag: 150 Euro) einen regelmäßigen Informationsservice herausgibt. Die Anschrift der DSA finden Sie im Anhang dieses Buches.

Juristischen Beistand finden Sie als Ausländer selbstverständlich bei jedem Rechtsanwalt, falls Sie in einen Zivilrechtsstreit verwickelt werden oder sich zu einer Klage bzw. zur Durchsetzung von Forderungen genötigt sehen. Sind Sie rechtsschutzversichert (eine solche Versicherung können Sie unabhängig von ihrem Erst- oder Zweitwohnsitz in Deutschland abschließen), sparen Sie sich Auslagen im Vorfeld, was beispielsweise in einem Verkehrsunfallverfahren sehr von Vorteil sein kann. Falls Sie in eine Strafsache verwickelt werden, sollten Sie unbedingt ein Konsulat oder die Botschaft Ihres Landes verständigen, ehe Sie eigene Initiativen entwickeln.

Leicht zu merken: die irischen Notrufnummern.

Wenn Sie öfters ein- und ausreisen und dabei den Eindruck haben, dass Ihnen der *immigration officer* jedes Mal wieder die gleichen, vermeintlich überflüssigen Fragen stellt, so werden Sie nicht ungeduldig. Bedenken Sie, dass in Anbetracht der offenen Grenze zu allen anderen EU-Staaten nun einmal auch die Not-

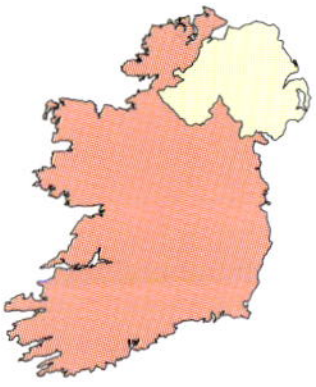

wendigkeit zu verschärfter Wachsamkeit besteht. Letztendlich dient diese dem Wohl und Nutzen der Bürger und ihrer Gäste, die von Irland all das erwarten, was ihnen einen Aufenthalt dort lebenswert macht.

Dann also viel Glück bei Ihrem Irland-Abenteuer! *Slán*, wie manche Iren sagen: tschüss.

*

Die Ausführungen in diesem Buch sind dazu gedacht, Ihren Überlegungen, sich in Irland anzusiedeln, einen Unterbau zu geben. Gleichwohl können sich viele Einzelheiten zwischenzeitlich geändert haben, zum Beispiel Gesetze und Verordnungen, auch Immobilienpreise, Gebühren, Anschriften und die allgemeinen Lebenshaltungskosten. Autor und Verlag machen deshalb darauf aufmerksam, dass alle Angaben in diesem Buch zum Zeitpunkt der Niederschrift zwar nach bestem Wissen erfolgten, sie aber keine Gewähr für Veränderungen der recherchierten Gegebenheiten sowie für Irrtümer oder Fehler übernehmen können.

7. Anhang

Die aktuelle Adresse, das beste Buch, der richtige Tipp: Wer besser informiert ist, kommt schneller ans Ziel.

Adressen

Alle nachfolgend aufgeführten Adressen von Unternehmen und Institutionen, die in diesem Buch genannt wurden, basieren auf dem Stand Januar 2002. Die Auswahl der Agenturen und Unternehmen stellt nur eine kleine Auswahl und keine Werbung für die betreffenden Firmen dar. Bei Telefongesprächen oder Faxübermittlungen nach Irland lautet die internationale Vorwahlnummer *+351*.

Allgemein

ADAC-Hotline für Auskünfte bezüglich Auslandsaufenthalt:
Tel. (089) 22 22 22.

Auswanderer-Information des Bundesverwaltungsamtes:
Postfach, 50728 Köln,
E-Mail: *bva.eures@dialup.nacamar.de*;
Internet: *www.dasan.de/auswanderungswesen01/info.*

Barmer Versicherungs-Info-Hotline:
Tel. (0202) 568 18 88,
E-Mail: *service@barmer.de*;
bei Unfall im Ausland: (0202) 568 70 10.

Bund der Auslandserwerbstätigen (BDAE) e.V.
Königsstraße 30
D-22767 Hamburg
Tel.: (040) 30 68 740
Fax: (040) 30 38 74 90
Internet: *www.bdae.de.*

BUPA Ireland
Mill Island
Fermoy, Co. Cork
Tel.: (01890) 700 890
Internet: *www.bupaireland.ie*

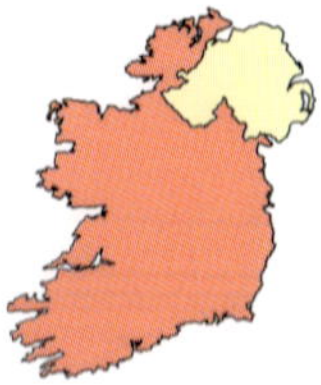

Cabana GmbH (Irland-Informationen)
Heidestraße 59A
D-56154 Boppard-Buchholz
Tel.: (06742) 805 460
Fax: (06742) 921 600
E-Mail: *info@cabana.de*
Internet: *www.irland.de*

Deutsch-Irischer Freundeskreis Bayern e.V.
Hermann-Pünder-Str. 3
D-81739 München
Tel.: (089) 679 24 81
Fax: (089) 670 2271
E-Mail: *bayern@ixx.de*

Deutsch-Irische Gesellschaft e.V.
Postfach 110306
D-40503 Düsseldorf
Tel./Fax: (02103) 441 14
E-Mail: *vorstand@deutsch-irische-gesellschaft.de*

Deutsche Verbindungsstelle Krankenversicherung im Ausland (DVKA)
Postfach 20 04 64
D-53134 Bonn.

Evang. Auslandsberatung (European Employment Services)
Rautenbergstraße 11
20099 Hamburg
Tel.: (040) 24 48 36
Fax: (040) 24 48 09

Gael-Linn (Sprachinstitut für Gälisch)
26 Merrion Square
Dublin 2

Irish Farmhouse Holidays Association
2 Michael Street
Limerick
Tel.: (061) 40 0700
Fax: (061) 40 0771
E-Mail: *farmhols@iol.ie*
Internet: *www irishfarmholidays.com*

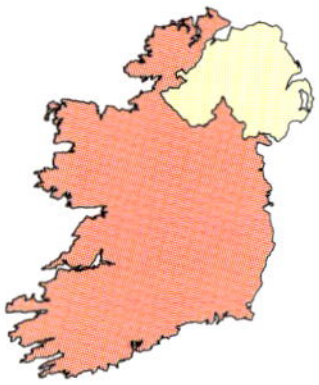

Government Publication Sales Office
Sun Alliance House
Molesworth Street
Dublin 2

Department of Tourism, Sport and Recreation
Kildare Street
Dublin 2
Tel.: (01) 602 4000
E-Mail: *dtsr@iol.ie*

Incorporated Law Society of Ireland
Blackhall Place
Dublin 7
Tel.: (01) 671 0711

Land Registry
Nassau Building, Setana Centre
Nassau Street
Dublin 2
Tel.: (01) 873 2233

Revenue Comissioners
Central Information Office
Dublin 1
Tel.: (01) 878 0000

Taxes Central Registration Office (TCRO)
Sentana Centre
Nassau Street
Dublin 2
Tel (01) 676 7571
Fax: (01) 676 1951
E-Mail: *webmaster@finance.irlgov.ie*

Telecom Ireland
St. Stephen's Green
Dublin 2
Tel.: (01) 671 4444

Vehicle Registration Office
St. John's House, Tallagh
Castleforbes Road
Dublin 1
Tel.: (01) 414 9777

Arbeit

Careermoves Irland
Berlin
Tel.: (030) 327 65 828
Fax: (030) 327 06 356
E-Mail: *info@careermoves-irland.de*

Farrell-Grant-Sparks
Molyneux House
Bride Street
Dublin 8
Tel.: (01) 418 2000
Fax: (01) 418 2044
E-Mail: *fgs@fgs.ie*

Irish Small & Medium Enterprises Association
TEE Dept. Division
Adelaide Road
Dublin 2
Tel.: (01) 661 4444

Vineyard Recruitment Group
9 Parliament Street, Temple Var
Dublin 2
Tel.: (01) 679 3600
Fax: (01) 679 3721
E-Mail: *vinyard@ioel.ie*

Self-Employed Registration Office
9/15 Upper Oconnell Street
Dublin 1
Tel.: (01) 874 6821

Small Firms Association
Confederation House
84–86 Lower Bagot Street
Dublin 1
Tel.: (01) 660 1011

Immobilien und Versorgung

Mary Browne Auctioneers
72 B Mai Street
Mallow
Tel.: (022) 50 222
E-Mail: *mb.auctioneers@tinet.ie*

Burton Crowley O'Flynn Estate Agents
24–25 South Mall
Cork

Calor Gas
Long Mile Road
Dublin 1
Tel.: (01) 450 5000

Deutsche Schutzvereinigung Auslandsimmobilien e.V.
Zähringer Straße 373
D-79108 Freiburg
Tel.: (0761) 550 12
Fax: (0761) 550 13

Electricity Supply Board (ESB)
Fleet Street
Dublin 2
Tel.: (01) 677 2961

Incorporated Law Society of Ireland
(Irische Anwaltskammer)
Blackhall Place
Dublin 7
Tel.: (01) 710 711

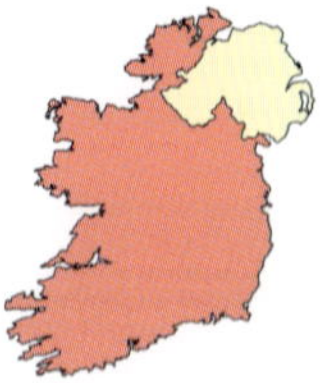

Irish Auctioneers & Valuers Institute
38 Merrion Square
Dublin 2
Tel.: (019 611 7946
E-Mail: *valerie@iavi.ie*

Irish Home Builders Association
Construction House
Canal Road
Dublin 6
Tel.: (01) 497 7487
Iveagh Estate Myhome
Lorigan Auctioneers, Clifton House
Lower Fitzwilliam Street
Dublin 2
Fax: (01) 45 45 371
E-Mail: *agent@myhome.ie*

O'Mahony Ferrelly Real Estate
Wolfe Tone Square
Bantry, Co. Cork
Tel.: (027) 51553
Fax: (027) 50603

John O'Loughlin & Co. Auctioneers & Valuers
71 Main Street
Gorey, C. Wexford
Tel.: (055) 21808
Fax: (055) 22232

Mount Juliet Properties Ltd
Pat Hegarty
Thomastown, C. Kilkenny
Tel.: (056) 73030
Fax: (056) 73039
E-Mail: *properties@mountjuliet.ie*

North's Estate Agents
33 Denny Street
Tralee, Co Kerry
Tel.: (066) 71 22695
E-Mail: *jhnorth@iavi.ie*

Society of Chartered Surveyors
5 Wilton Place
Dublin 2
Tel.: (01) 676 5500

Botschaften, Konsulate

Botschaft der Republik Irland (Deutschland)
Friedrichstraße 200
D-10117 Berlin
Tel.: (030) 220 720
Fax: (030) 30 220 72299
Irisches Honorarkonsulat
Denninger Straße 15
D-81679 München
Tel.: (089) 208 05990
Fax: (089) 208 05989
E-Mail: *information@irl-consulate.com*

Botschaft der Republik Irland (Österreich)
Hilton-Center
Hauptstraße 2a
A-1030 Wien
Tel.: (01) 715 4264
Fax: (01) 713 6004

Botschaft der Republik Irland (Schweiz)
Kirchenfeldstraße 68
CH-3005 Bern
Tel.: (031) 352 1442
Fax: (031) 352 1455

Irisches Honorarkonsulat
Parkring 12
CH-8027 Zürich
Tel.: (01) 201 2520
Fax: (01) 201 2858

Botschaft der Bundesrepublik Deutschland
31 Trimleston Avenue
Booterstown
Tel.: (01) 676 7254

Österreichische Botschaft
15 Ailesbury Court
93 Ailesbury Road
Dublin 4
Tel.: (01) 369 4577

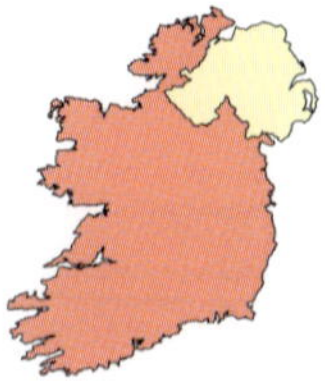

Botschaft der Schweiz
6 Ailesbury Road
Dublin 4
Tel.: (010) 269 2515

Anmerkung: In jedem Fernsprechbuch in Irland befinden sich zu Beginn einige Seiten mit *Personal Emergeny Numbers* und entsprechenden Adressen, sei es für Alkohol- oder Drogenprobleme, Kinderschutz, Schwangerschaftsberatung oder Fragen in Behördenangelegenheiten. Viele der Telefonnummern sind kostenlos anwählbar (*FreeFone*, mit *1800* beginnend).

Literatur (Auswahl)

- Michael Andersch: *Irland – eine Entdeckung*. Berlin 1977.
- *Home Buyers Guide*, MAP Publications, 3 Lower Abbey Sreet, Dublin 1.
- *World of Property*, Outbound Publishing, 1 Commercial Road, Eastbourne, Sussex BN21 3XQ, UK.
- *Casa Europa – Wohnen im Ausland.* Ratgeber der LBS, herausgegeben von der Bundesgeschäftsstelle Landesbausparkassen. Deutscher Sparkassen-Verlag, Stuttgart 1999.
- Shirley Lanigan: *Guide to Irish Gardens*. O'Brien Publishing, Dublin 1999.
- *Polyglott Irland*, APA Guide. Verlag Polyglott, Stuttgart 2001.
- *Rules of the Road*. Environment Publishing, Dublin 2000.
- *SAT-1 Traumreisen: Irland*. EK Concept GmbH, Frankfurt/M. 1993.
- Ralf Sotschek: *Gebrauchsanweisung für Irland*. München 2000.

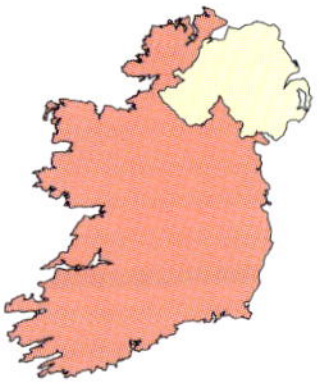

Danksagung

Für ihre uneigennützige Hilfe beim Recherchieren aller Informationen und Fakten zu diesem Buch bedankt sich der Autor bei Danny Barlow, Lars Eggers, Pat Hegarty, John Leyden, Ekkehard Reischl, Peter Rascheder und Silvie Schneider.

Besonderer Dank geht an die Citroën Deutschland AG, die dem Autor für seine Exkursionen einen »C5 HDI« zur Verfügung stellte, der sich als ein zuverlässiges, komfortables und vor allem sehr wirtschaftliches Fahrzeug erwies.

Ihre zweite Heimat – weitere Alternativen

Millionen träumen davon, aber nur wenige setzen sich in Bewegung: Sie wandern aus, kaufen sich ein Feriendomizil oder verbringen einfach den Winter im Süden. Wie man es richtig angeht und erfolgreich durchzieht, steht in den Büchern aus der Reihe »Ihre zweite Heimat«: Hintergrundinformationen vermitteln wertvolles Wissen, viele Tipps machen das Leben leichter.

Sören Constantin
Kanarische Inseln
Wie wär's mit einer Finca auf den Kanaren? Wenige Flugstunden von Deutschland entfernt liegt ein Paradies, in dem es sich abseits von Hektik und Streß leben läßt.
224 Seiten, 53 Farbbilder, 14 Zeichnungen, 1 Karte
Bestell-Nr. 50377

Klaus Kulkies
Südspanien
Träumen Sie von einer Terrasse mit Blick aufs Meer? Oder von einem einfachen, aber stilvollen Landhaus? Dann könnte Südspanien eine zweite Heimat für Sie werden.
192 Seiten, 76 Farbbilder, 1 Karte
Bestell-Nr. 50389

Halwart Schrader
Südfrankreich
Träumen Sie von einer Villenterrasse mit Blick auf's Meer oder von einem stilvollen Landhaus abseits der Touristenströme. Im Süden Frankreich können Sie beides finden.
192 Seiten, 56 Farbbilder, 1 Karte
Bestell-Nr. 50376

Insa Näth
Kalifornien
Warum zahllose Menschen ausgerechnet hier eine neue Heinmat suchen, ist leicht gesagt: Kalifornien ist der Inbegriff für Freiheit, Glück, Lebensfreude und Erfolg.
256 Seiten, 46 Farbbilder, 1 Karte
Bestell-Nr. 50375

Jan Leek
Schweden
Schweden hat mehr zu bieten als Mittsommernacht und Knäckebrot. Egal, ob Sie in dem Land im Norden Europas nur das Leben genießen wollen oder beruflich tätig werden.
224 Seiten, 80 Farbbilder
Bestell-Nr. 50387

Halwart Schrader
England
Leben im Land von Shakespeare bedeutet eine andere Dimension der Selbstverwirklichung in Toleranz und geistiger Unbeschwertheit, getragen von lebendigen Traditionen.
192 Seiten, 49 Farbbilder, 2 Zeichnungen, 1 Karte
Bestell-Nr. 50365

Halwart Schrader
Norditalien
Von den Dolomiten bis zur Toskana, vom Gardasee bis zur Ligurischen Küste – das Paradies in Italiens Norden liegt nur zwei Flugstunden vom Berufs-Alltag entfernt.
192 Seiten, 41 Farbbilder, 1 Karte
Bestell-Nr. 50364

Jeder Band unserer erfolgreichen Reihe kostet 22,– EURO

IHR VERLAG FÜR REISE-BÜCHER

pietsch

Postfach 10 37 43 · 70032 Stuttgart
Telefon (0711) 2108065 · Telefax (0711) 2108070